Experimentando la Gracia

Joe Santana

outskirts
press

Con mucho amor y cariño dedico este libro a mi hermana Graciela quien el Señor uso para introducirme a Su gracia y amor durante un tiempo muy difícil en mi vida.

Contenido

Introducción   i

Capítulo 1   Jacob: De Mendigo a Príncipe   1

Capítulo 2   Rajab: De Ramera a Heroína   18

Capítulo 3   Rut: De la Pobreza a la Riqueza   35

Capítulo 4   El Endemoniado:
De la Miseria a Mensajero   52

Capítulo 5   La Mujer Desagradable:
De Pecadora a Piadosa   68

Capítulo 6   Zaqueo: De la Codicia a la Gratitud   87

Apéndice   104

8, Porque por gracia ustedes han sido salvados mediante la fe; esto no procede de ustedes, sino que es el regalo de Dios, 9, no por obras, para que nadie se jacte. 10, Porque somos hechura de Dios, creados en Cristo Jesús para buenas obras, las cuales Dios dispuso de antemano a fin de que las pongamos en práctica.
Efesios 2:8-10

Introducción

EL TEMA DE la gracia del Señor puede ser difícil de entender desde que es inagotable y aun no la merecemos como seres humanos. El pensamiento que alguien nos ama sin reservas y desea lo mejor para nosotros a pesar de nuestras muchas fallas e imperfecciones puede ser un reto. Sin embargo, conforme a la declaración de las Escrituras, Dios el Creador mueve el cielo y la tierra para hacernos saber que Él esta consciente de cada detalle de nuestras vidas, y desea nuestro éxito.

Así que la gracia del Señor debe ser el fundamento de nuestra relación con Él con el fin de ayudar a los demás experimentar esa misma gracia. Ese es el llamado del cristiano. Espero que este libro les ayude a dar pasos en esa dirección, y al igual les ayude a experimentar la gracia del Señor a través de seis personajes que experimentaron la gracia de Dios, y fueron cambiados para mejores.

$\longrightarrow\!\!\!\!\sim\!\!\!\sim\!\!\longrightarrow$

Jacob: De Mendigo
a Príncipe

Génesis 32:22-32

TENEMOS UNA TENDENCIA A RESISTIR AYUDA

Puedo recordar un momento en que estaba tratando de poner a mi hija Jordan, de un año en ese entonces a dormir. Era hora de la siesta, y esa rutina era normalmente tranquila. "Normalmente" siendo la palabra clave ya que en esa ocasión su tiempo de la siesta había pasado. Así que en ese momento resistió los brazos de papa en lugar de estar quieta y acomodarse a dormir como en tiempos pasados.

Ella se agitaba y se agitaba. Se dio la vuelta en todas las direcciones. De ida y vuelta nos fuimos por lo que parecía una eternidad. Yo ya no era su amable y cariñoso padre, su agradable almohada humana. A los ojos de ella, me convertí en su adversario cruel e insensible que no le importaba lo que ella sentía. "¡No puedes ver que estoy cansada, papá! ¡Y estás empeorando las cosas al negarte a trabajar conmigo!" Ella no estaba consciente de que yo estaba de su lado.

Permítanme hacerles una pregunta. ¿Alguna vez se han encontrado en una situación similar? Está claro que están luchando. Así que las personas comienzan a ayudarles. Sin embargo, como mi niña de un año, empiezan a rechazar las manos que se están brindando. Niegan la ayuda que les dará alivio. Rechazan el apoyo que les ayudara.

"Tenemos una tendencia a resistir ayuda,
¿qué no es así? No está en nuestra
naturaleza recibir ayuda con gracia."

Tenemos una tendencia a resistir ayuda, ¿no es así? Tenemos una tendencia a rechazar asistencia, especialmente cuando mas la necesitamos. Permítanme explicar. Supongamos que están luchando financieramente, así que un familiar o un amigo viene en su búsqueda para ofrecer ayuda. Sin embargo, por pena, orgullo o desconfianza, rechazan la asistencia que les ayudara a superarse.

O digamos que han estado emocionalmente angustiados, y se les presentan recursos valiosos que puedan restablecer un sentido de armonía en sus vidas. Sin embargo, por una razón u otra, rechazan los recursos que les darán un sentido de alivio. O digamos que están en una encrucijada. Están necesitando ayuda desde que la forma en que han estado viviendo simplemente no funciona. Pero cuando una solución se les presenta, la rechazan porque tendrán que hacer las cosas de manera diferente.

Tenemos una tendencia a resistir ayuda, ¿qué no es así? No está en nuestra naturaleza recibir ayuda con gracia. Nos inclinamos mas hacia la resistencia de asistencia en lugar de recibirla con gracia. Pero a pesar de nuestra tendencia a resistir ayuda, ¿por qué es una ventaja para nosotros recibir la ayuda necesaria? ¿Por qué es para nuestro beneficio recibir y no rechazar aquellas manos que se nos brindan en tiempos de necesidad? ¿Por qué es mejor recibir y no rechazar esos momentos divinos, ya saben, esos momentos especiales?

En pocas palabras, nos vamos a posicionar para ver a Dios hacer lo que mejor sabe hacer. Es decir, ayudarnos a vivir una vida llena de plenitud que esta de acuerdo con Su plan. Dios obra por medio de Su providencia a través de las personas. Es posible que hayamos estado resistiendo la mano providencial de Dios que es una desventaja para nosotros.

Nuestra resistencia a recibir ayuda me recuerda al hombre al que se le descompuso su coche, y se encontró varado en medio de una carretera aislada. Sin embargo, a lo lejos viene una grúa, y se estaciona cerca del hombre. El conductor grita, "¿Señor, necesita ayuda?" A lo cual el hombre responde, "¡Siga adelante! Yo me ocupo de mí mismo." Pero la estación de servicio más cercana estaba a diez kilómetros, y no tenía señal en su móvil. La ayuda necesaria estaba disponible. Sin embargo, él la rechazó.

Al igual que aquel hombre, nosotros también nos hacemos la vida pesada porque tenemos una tendencia a resistir ayuda sobre todo cuando más se necesita. Hay algo en nuestra naturaleza por la que no nos gusta recibir ayuda tan fácilmente como deberíamos, es decir, con gracia. Puede ser debido a nuestro orgullo.

Podríamos temer que la gente va a darse cuenta que no estamos a la altura. Puede ser que sea un sentimiento de vergüenza. Cualquiera que sea el caso, tendemos a rechazar el apoyo que nos sostendrá, especialmente cuando más lo necesitamos.

Génesis 32:22-32 nos da una historia de un hombre que ejemplifica esta forma de pensar. Pasó buena parte de su vida resistiendo la mano de Dios que deseaba ayudarlo. Vivió hasta la edad adulta luchando en varias ocasiones con Aquel que estaba de y a su lado hasta que al final Dios intervino dolorosamente. La intervención de Dios le hizo saber que él no estaba tan en control como pensaba. Ese hombre fue Jacob quien de ser un hombre mendigo paso a ser príncipe.

"Ese hombre fue Jacob quien de ser un
hombre mendigo paso a ser príncipe."

EL ESFUERZO PERSONAL EN LUGAR DE LA AYUDA DE DIOS NO ES LA MEJOR OPCIÓN

22, Aquella misma noche Jacob se levantó, tomó a sus dos esposas, a sus dos esclavas y a sus once hijos, y cruzó el vado del río Jaboc. 23, Una vez que lo habían cruzado, hizo pasar también todas sus posesiones, 24a, quedándose solo.

Ahora bien, permítanme pintar un cuadro para ayudarles a ver el contexto más claro. La escena empieza a desarrollarse a partir de la noche oscura que es emblemática del estado emocional de Jacob, es decir, una de desesperanza. No podía dormir, incluso después de que había sobornado a su hermano Esaú con una abundancia de regalos. Después de una recompensa como tal, uno podría pensar que estaría durmiendo como un bebé.

Pero esto no era el caso. Jacob estaba ansioso. Él estaba en el modo de auto-protección. Lo demuestra enviando estratégicamente regalos, y luego su compañía, después su familia y finalmente sus posesiones, pues quería protegerse. Sin embargo, irónicamente esa decisión lo dejó sin protección. Nadie estaría disponible para ayudarlo. Así que la tensión iba aumentando. Sin saber, Jacob estaba a punto de tener otro encuentro con Dios como lo hizo veinte años atrás cuando empezó su jornada como un tramposo. Continuamos con la historia.

24b, ya solo entonces un hombre luchó con él hasta el amanecer. 25, Cuando ese hombre se dio cuenta de que no podía vencer a Jacob, lo tocó en la coyuntura de la cadera, y ésta se le dislocó mientras luchaban. 26, Entonces el hombre le dijo: "¡Suéltame, que ya está por amanecer!" "¡No te soltaré hasta que me bendigas!" respondió Jacob. 27, "¿Cómo te llamas?" le preguntó el hombre. "Me llamo Jacob," respondió.

28, Entonces el hombre le dijo: "Ya no te llamarás Jacob, sino Israel, porque has luchado con Dios y con los hombres, y has vencido." 29, "Y tú, ¿cómo te llamas?" le preguntó Jacob. "¿Por qué preguntas cómo me llamo?" le respondió el hombre. Y en ese mismo lugar lo bendijo. 30, Jacob llamó a ese lugar Penuel, porque dijo: "He visto a Dios cara a cara, y todavía sigo con vida."

Anteriormente señalamos que tendemos a resistir asistencia. Vemos el epítome de este tipo de pensamiento en Jacob. En lugar de recibir la ayuda de Dios, a quien anteriormente se la había pedido a través de la oración, Jacob resistió Su apoyo al confiar en sí mismo, y empeoró el asunto.

El esfuerzo personal en lugar de la ayuda de Dios no es la mejor opción. Depender en el esfuerzo personal en vez del poder de Dios no es la mejor manera de tratar los asuntos. Nosotros como seres humanos tenemos recursos limitados. El Dios infinito tiene recursos ilimitados. El esfuerzo personal en lugar de la ayuda de Dios nunca es la mejor opción desde que tenemos limites como seres humanos. Permítanme ilustrar.

Tengo un amigo que es conocido por perderse. Es interesante que aún y cuando tiene un coche con un sistema de navegación él se niega a usarlo. Todo lo que se necesita para llegar a su destino sin ningún inconveniente está siempre disponible. Pero en lugar de tomar ventaja de ese valioso recurso, insiste en encontrar su propio camino a pesar de que tiene una reputación de perderse. Nunca elige la mejor opción. Él insiste en confiar en sí mismo en lugar del sistema de navegación que es el mejor recurso.

"El esfuerzo personal en lugar de la ayuda de Dios no es la mejor opción desde que tenemos limites como seres humanos."

De la misma manera, el esfuerzo personal en lugar de la ayuda de Dios no es la mejor opción. Él es el mejor recurso y no nosotros desde que Él no tiene limites. El esfuerzo personal en lugar de la ayuda de Dios no es la manera de viajar en esta vida porque vamos a terminar en lugares que nunca procurábamos como le pasaba a mi amigo. Eso retrasará nuestro progreso.

Ahora, regresemos a Jacob, y hagamos la pregunta, ¿qué es lo que le urgió a comenzar a tomar el asunto en sus propias manos? ¿Qué le haría llegar a la conclusión de que el esfuerzo personal era mejor que la ayuda de Dios, especialmente cuando su situación lo había abrumado? ¿Qué fue lo que inició un punto de vista de confiar en sí mismo en lugar de depender del Señor?

Les voy a sugerir que era el temor, era el miedo. El consenso general entre los profesionales del campo de la psicología señala que el miedo está normalmente relacionado con eventos futuros. Las Escrituras al igual declaran que el temor lleva en sí castigo (véase 1 Juan 4:18). Ambos eran la realidad de Jacob. Él no sabía lo que su futuro involucraba cuando se encontraría con su hermano, Esaú. Él también estaba atormentado por el encuentro. El miedo se había apoderado del corazón de Jacob, llevándolo a pensamientos ilógicos y un comportamiento irracional.

¿No le había enviado a su hermano Esaú, todo lo que tenía para servir como una barrera entre ellos? Eso fue irracional. Tratando de sacrificar a su familia con el fin de salvarse a sí mismo fue irracional. ¿No había resistido la ayuda del Señor, tomando el asunto en sus propias manos? Ese punto de vista

---

"Cuando el miedo nos atrapa empezamos a pensar
y hacer algunas de las cosas más tontas."

---

también fue ilógico ya que el Señor recientemente lo había liberado de su tío, Labán.

Cuando estamos oprimidos por el temor tendemos a pensar y comportarnos de manera irracional e ilógica como Jacob lo hizo. De igual manera hicieron los dos chicos jóvenes que fueron a dar un paseo en una montaña rusa tamaño mamut. Fue rápido, se tornó furioso, y estaban temerosos. "¡Aahh!" gritaban el uno al otro. "¡No puedo soportarlo más!" uno de los muchachos gritó. A lo que el otro responde: "¡Vamos a saltar fuera!" Esa no era la mejor opción aunque estaban temerosos.

Cuando el miedo nos atrapa empezamos a pensar y hacer algunas de las cosas más tontas. El miedo era la realidad de

Jacob, sentimiento que lo llevó al esfuerzo personal en lugar de recibir la ayuda de Dios. Decisión que definitivamente no era la mejor opción porque empeoró las cosas.

Permítanme hacerles una pregunta. ¿Podría ser el miedo la razón por la que resisten la ayuda de Dios, y empiezan a confiar en sí mismos? Tienen miedo que el acuerdo comercial no va a salir de la manera que están esperando. Así que comienzan a engañar y manipularlo. Tienen miedo de estar solos para siempre. Por lo que comienzan a comprometer su integridad.

Tienen miedo de que sus hijos puedan ir en la dirección equivocada. Así que comienzan a criticarlos. Tienen miedo de que sus parejas se vuelvan demasiado exitosos. Así que comienzan a detenerlos. Tienen miedo de que no tengan suficientes ahorros para jubilarse. Así que empiezan a hacer inversiones cuestionables.

El miedo nos hace dudar y hacer algunas de las cosas más tontas. Lo manifestamos en forma de esfuerzo personal en lugar de la fuerza de Dios. Comenzamos a tomar el asunto en nuestras propias manos, y rechazamos la manos del Señor. Eso nunca es la mejor opción.

Nos daremos cuenta cuándo estamos operando con el miedo como nuestro enfoque. Empezaremos a sentirnos ansiosos, y esa ansiedad se convertirá en pánico ya que la ansiedad y el pánico están ambos relacionados con el temor. Cuando nos encontramos en este estado nuestro juicio se nubla.

Así que hay que reconocer cuando se producen esos momentos en nuestras vidas. Hagamos los ajustes necesarios ya que ese punto de vista conduce a la ayuda personal en lugar de la ayuda de Dios. Eso nunca es la mejor opción.

Cediendo a Dios en Lugar de Resistirlo es la Mejor Opción

Entonces, ¿qué hacemos? ¿A dónde vamos desde aquí? ¿Es una causa perdida? ¿Somos como un barco en alta mar sin brújula? Claro que no. Porque incluso un barco tiene la Estrella del Norte para ayudar a que encuentre su camino. Tengo buenas noticias para ustedes. ¿Están listos para unas buenas nuevas?

Tengo una estrella brillante de la mañana que les ayudará a encontrar su camino. Tengo la solución al dilema. Me gustaría darles la clave que resolverá el problema para no tomar el asunto en sus propias manos lo que empeora el asunto porque hemos dejado de confiar en el Señor.

¿Están listos? Aquí tienen la solución. Ceder a Dios en lugar de resistirlo es la mejor opción. Eso es todo amigos. No

---

"Ceder a Dios en lugar de resistirlo es la mejor opción."

---

es complejo. Ceder a Dios en lugar de resistirlo es la mejor opción. Sin embargo, ceder puede ser extremadamente difícil porque es contrario a nuestra naturaleza. Ceder puede ser muy difícil para la mayoría de nosotros ya que a todos nos gusta estar en control, ¿no es así? Sin embargo, ceder a Dios en lugar de resistirlo es la mejor opción.

Déjenme mostrarles lo que quiero decir. Leamos de nuevo los versículos 24-28: 24, Entonces un hombre luchó con Jacob hasta el amanecer. 25, Cuando ese hombre se dio cuenta de que no podía vencer a Jacob, lo tocó en la coyuntura de la cadera, y ésta se le dislocó mientras luchaban. 26, Entonces el hombre le dijo, "¡Suéltame, que ya está por amanecer!" "¡No te soltaré hasta que me bendigas!" respondió Jacob. 27, "¿Cómo te llamas?" le preguntó el hombre. "Me llamo Jacob," respondió. 28, Entonces el hombre le dijo: "Ya no te llamarás Jacob, sino Israel, porque has luchado con Dios y con los hombres y has vencido."

Por favor lean lo siguiente con atención. Jacob finalmente dejó de luchar, y él hizo lo único y mejor posible. El inferior Jacob solicitó una bendición del superior, el mensajero de Dios. Jacob dejó de luchar con su voluntad, y comenzó a luchar con sus palabras. "No se haga mi voluntad sino la suya," gritó Jacob. El propósito de Dios obrando a través de Jacob no podía cumplirse hasta que Jacob estuviera en línea con Dios.

Jacob era como un coche fuera de la alineación. Nunca lograremos la conducción suave de nuestro coche si la alineación está fuera de sincronización. Jacob vivió hasta la edad adulta fuera de sintonía con Dios. Él estaba constantemente luchando. Él estaba cayendo corto de cumplir el propósito de Dios ya que estaba fuera de alineación con Él.

Ahora, permítanme hacerles algunas preguntas. ¿Esto los describe? ¿Se encuentran cayendo en la misma situación una y otra y otra vez? Pueden pensar que es una casualidad que les sucede lo mismo con las personas o las situaciones. Pero la realidad es que la providencia de Dios busca llamarles la atención. En pocas palabras, ¿han considerado que podrían estar fuera de sincronización con Dios por falta de ceder a Él? Ceder a Dios en lugar de resistirlo es la mejor opción. Si nos negamos a ceder puede ser doloroso como lo fue para Jacob.

Jacob fue dolorosamente obligado a confesar su pasado tramposo. No tenía otra opción ya que el hombre le había dislocado la cadera. Jacob fue obligado a confesar sus caminos engañosos. Pero cuando los confesó, finalmente se posicionó para recibir los beneficios de la bendición de Abraham.

La bendición de Abraham fue algo que Dios le había prometido veinte años atrás y que no podía disfrutar porque estaba fuera de sintonía con Dios. Pero Jacob ahora era un instrumento en las manos de Dios dispuesto a cumplir Su propósito. Jacob se convirtió en un nuevo hombre, Israel, un hombre gobernado por Dios en lugar de Jacob, el tramposo.

Ceder a Dios en lugar de resistirlo es la mejor opción. Este es el principio que debemos de entender en esta historia. Este es el concepto que los seguidores del Señor deben adoptar si van a disfrutar su experiencia con Él, así como evitar lecciones dolorosas que no son necesarias.

Al igual que Jacob, no tenemos que dejar que veinte años pasen o esperar veinte más para disfrutar de los beneficios de Dios. Al igual que Jacob, no tenemos que soportar el castigo di-

---

"Podemos experimentar los beneficios de Dios ahora, si cedemos a Él en lugar de resistirlo."

---

vino que no es necesario. Podemos experimentar los beneficios de Dios ahora, si cedemos a Él en lugar de resistirlo.

Es como una mujer embarazada que planifica un estilo de vida saludable durante su embarazo. Ella cede a lo que es en su mejor interés y el de su bebé. Hace ejercicio a diario, tiene una dieta saludable y se asegura de descansar. Con intencionalidad hace todas las cosas bien para que ella y su bebé puedan disfrutar del embarazo y garantizar un parto saludable. Ella está cediendo a las mejores opciones posibles con el fin de tener un parto exitoso.

Caminar con Dios requiere intencionalidad. Se trata de tomar decisiones intencionales que están de acuerdo con las enseñanzas de las Escrituras. Esto implica ceder al Señor en lugar de resistirlo. Él es la mejor opción. La vida no tiene qué ser una experiencia infernal o fatal. Puede ser agradable y satisfactoria al ceder al Señor en lugar de resistirlo.

Ahora, vamos a considerar una pregunta que nos ayudará a ver la relevancia del principio en consideración. ¿Cuál es la causa y el efecto de ceder en lugar de resistir? ¿Cuál es la conexión entre mi insistencia en la resistencia en lugar de ceder al Señor? Me gustaría responder con una historia.

Puedo recordar un momento en que observé un accidente en la autopista. El tráfico estaba congestionado ese día, y los coches se movían a un ritmo rápido, incluso las rampas estaban súper ocupadas. Pero en esa ocasión, uno de los coches trató de entrar a la autopista sin tener consideración de los demás. El coche se negó a ceder, y terminó causando un accidente.

¿Cuál es el punto? Como creyentes en el Señor Jesucristo somos llamados a ceder a las enseñanzas de las Escrituras. Somos llamados a ceder a la autoridad del Señor Jesús. Somos llamados a una vida de obediencia. Somos llamados a ceder nuestra voluntad a la voluntad de Dios. Si esto no es nuestra forma de pensar nuestras decisiones se realizarán. Cosecharemos los resultados de nuestra actitud que insiste a no ceder. Nos causará mucho daño, y al igual a los de nuestro alrededor como lo fue con el coche en la autopista que se negó a ceder. Causó mucho daño a los demás y a sí mismo.

Hombres: Si no tomamos en cuenta a nuestros supervisores en el trabajo, nos vamos a dar cuenta que el mismo escenario se llevará a cabo cuando nosotros tratemos de manejar nuestro hogar. Mujeres solteras: Si siguen coqueteando con su integridad, van a demorar la conexión con un hombre que desea honrarlas y estimarlas. Negociantes: Si están caminando en zonas grises, un día les va caer la auditoría.

Si nuestra forma de pensar no es una que desea ceder al Señor, nuestra resistencia se realizará porque lo que el hombre siembra eso también cosechará (véase Gálatas 6:7). Al igual, el Señor sabe como disciplinar a los que ama y castiga a aquellos que Él acepta como hijos (véase Hebreos 12:5-6). Esas son las enseñanzas de las Escrituras. Esa es la conexión entre ceder a Dios en lugar de resistirlo. ¡Ceder es beneficioso mientras que resistir es costoso!

Cedan a la Autoridad de las Escrituras

Por lo tanto, si ésta es la lección que debemos de entender. Si este es el principio que se debe de recibir, cedan a la autoridad de las Escrituras. Cedan a la autoridad de la Palabra

---

"¡Ceder es beneficioso mientras que resistir es costoso!"

---

de Dios para que se coloquen en una posición para recibir los beneficios de una vida que cede al camino del Señor.

Ese es el cambio que este pasaje exige de nosotros si no es nuestra forma de pensar, el de ceder a la autoridad del Señor que es lo contrario de lo que Jacob hizo. Jacob seguía resistiendo, y como lo notaremos en un momento se le dio una lección muy dolorosa que permaneció con él.

Así que permítanme pintar un escenario que puede ser útil con respecto al principio en consideración. La próxima vez que se encuentren en desacuerdo con su jefe, sométanse a su autoridad, suponiendo que no les han pedido que actúen de forma poco ética o ilegal.

Uno de los propósitos de Dios para nosotros como cristianos es de tener un gran respeto por la autoridad a pesar de aquellos que asumen el cargo (véase Romanos 13:1-5; 1 Pedro 2:13-17). Ahora, cuando empiecen a someterse a la autoridad de su supervisor, tan difícil como podría ser, al mismo tiempo están tomando en cuenta a uno de los propósitos de Dios. Esto significa que están en sintonía con Él. Cuando están en sintonía con el Señor, su causa se convierte en la causa de Él. Y no hay nadie que pueda tomar una causa como el Señor.

Sin embargo, se requieren pasos de fe hacia la obediencia de las Escrituras y luego confiar en el Señor para los resultados. Sin embargo, el Dios de las Escrituras se ha mostrado ser un Dios confiable, fiel, bondadoso y mucho mas sabio que nosotros. Así que cedan a la autoridad de las Escrituras. Dejen que el Señor

---

"Dejen que Dios los haga decir 'wow' de modo que siguen regresando una vez tras otra a Él."

---

les muestre lo que Él es capaz de hacer. Ceder a la autoridad de su Palabra inicia la postura de Dios en su nombre.

Durante años trabajé como mesero en restaurantes de lujo. Un principio fundamental del que me enteré era de "cautivar al cliente". Lo que yo trataba de hacer era crear una experiencia inolvidable para los invitados con la intensión de "cautivarlos". "¡Wow! Qué experiencia. De seguro voy a regresar con Joe y le recomendaré a mis amigos y familiares."

Dejen que Dios los haga decir "wow" amigos. Dejen que Dios los haga decir "wow" de modo que siguen regresando una vez tras otra a Él. Así como compartirles a otros acerca de Él ya que Dios es tan bueno de crear experiencias beneficiosas que son en su mejor interés. Cedan a la autoridad de las Escrituras ya que tienen mucho que ganar.

No tienen que sentirse como que siempre tienen control de todas las cosas ya que de cualquier forma esto no es posible. Nuestra capacidad es limitada. Permitan que el Señor haga lo que mejor sabe hacer. Dejen que el Señor actúe en representación de sus siervos, de ustedes. El Señor les cubrirá a medida que comienzan a ceder en lugar de resistir.

EXPERIMENTARÁN LA GRACIA QUE SE NECESITA PARA HACER UN MÁXIMO AVANCE

Ahora, a medida que comienzan a ceder a la autoridad de las Escrituras, ¿qué pueden esperar? ¿Qué resultados pueden anticipar? Vamos a terminar nuestra historia y veamos. Los versículos 29-31: 29, "Y tú, ¿cómo te llamas?" le preguntó Jacob. "¿Por qué preguntas cómo me llamo?" le respondió el hombre. Y en ese mismo lugar lo bendijo. 30, Jacob llamó a ese lugar Penuel, porque dijo: "He visto a Dios cara a cara, y todavía sigo con vida." 31, Cruzaba Jacob por el lugar llamado Penuel, cuando salió el sol. A causa de su cadera dislocada iba rengueando.

Ahora, tomen en cuenta el contraste. El nacimiento del sol trajo consigo un sentido de esperanza al poner fin a la lucha que comenzó en la oscuridad. La lucha había terminado. Jacob admite que él vivió solamente porque la gracia de Dios lo había conservado. "He visto a Dios cara a cara, y todavía sigo con vida."

Pero por favor no se pierdan cómo se alejó Jacob. No fue de la misma manera en que él comenzó. Dios se vio obligado a dejar una impresión duradera que era a la vez positivo y negativo. Lo negativo fue la nueva cojera que siempre serviría como un recordatorio que en Dios, Jacob se encontró por primera vez uno que no podía dominar. Lo positivo fue el nuevo nombre que siempre le recordaría de su nuevo destino, Israel, un hombre gobernado por Dios.

Eso queridos amigos es experimentar la gracia de Dios. Dios le dio a este hombre tramposo algo que le obligaría a depender de Él. Por desgracia fue una cojera. Tan difícil como esta cojera podría ser de conciliar desde una perspectiva humana, eso fue la necesidad de Jacob. Eso fue su necesidad para que se diera cuenta de que no era rival para el Dios Todopoderoso y que también necesitaba de Su ayuda.

La gracia de Dios le dio a Jacob lo que necesitaba, que es lo que la gracia hace. Le da a uno lo que necesita, lo que pueda conllevar para que uno pueda seguir avanzando. La gracia de

---

"La gracia de Dios le dio a Jacob lo que necesitaba que es lo que la gracia hace. Le da a uno lo que necesita, lo que pueda conllevar para que uno pueda seguir avanzando."

Dios le dio a Jacob lo que necesitaba para que pudiera comenzar a cumplir la promesa de Abraham como el nuevo hombre de Dios, Israel, uno gobernando por Dios. La nueva cojera le ayudaría a avanzar en la fuerza de Dios en lugar de su propia fuerza porque físicamente ya no podía confiar en sí mismo.

Al igual, el Señor nos da lo que necesitamos para ayudarnos a avanzar. Nos brinda Su gracia. Pero por desgracia a veces puede ser doloroso porque nos negamos a ceder. Tomó una cojera para que Jacob empezara a ceder a Dios. Esperemos qué no se necesite algo similar para nosotros por falta de ceder a Él. Que nuestra forma de pensar sea el de ceder.

¿Qué se pueden anticipar cuando empiezan a ceder a las

Escrituras? Van a experimentar la gracia que se necesita para poder seguir progresando en todo lo que Dios tiene para ustedes. Van a empezar a ver puertas abrirse a través de personas o circunstancias que les ayudarán a avanzar en su experiencia cristiana y en la vida en su conjunto. Sí claro, se va requerir valor. Por supuesto, se va requerir fe. Pero cuando empecemos a ceder, experimentaremos la gracia que se necesita para ser fructíferos en nuestra relación con el Señor.

CONCLUSIÓN

En el principio les mencioné que puedo recordar un momento en que mi hija Jordan en ese entonces de un año de edad, estaba resistiéndose a tomar una siesta, y ella le reclamaba a papá. Yo ya no era un amigo, era un enemigo. Pero una vez que se dio cuenta de lo que papá estaba tratando de hacer, ayudarla a descansar, ella dejó de resistir, ella cedió, ella se relajó, ella se rindió. Entonces papá se convirtió en su agradable almohada humana una vez más. Ella dormía como un bebé.

Al igual que mi niña, dejen de resistirse. Ríndanse, dejen ir, entréguense, dejen el control de la situación. Cedan a la autoridad de las Escrituras, y con el tiempo, si no inmediatamente, estarán durmiendo como un bebé cuando pongan su cabeza para descansar por la noche. Tendrán confianza que su Padre celestial los tiene cubiertos a través de Su gracia en la persona del Señor Jesucristo.

Capítulo 2

━━━━━⚮━━━━━

Rajab: De Ramera a Heroína

Josué 6:22-25

TODOS HEMOS HECHO COSAS QUE NOS HAN MARCADO

ANTES DE CONVERTIRME en cristiano, mi vida era diferente a lo que es ahora. Yo era un hombre sin ningún sentido de propósito o dirección. Por desgracia, era una persona que se había entregado a los deseos destructivos de la carne. Había consumo de drogas en mi vida, tuve una hija fuera del matrimonio y dos matrimonios fracasados. Tenía un modo de pensar que era sólo vivir para el momento.

En consecuencia, la vida finalmente me alcanzó y las

decisiones destructivas que constantemente hacía vinieron a buscar el pago. Durante un tiempo de crisis en mi vida, uno de muchos de esos días, todo llegó a un alto. La sensación de desesperanza y desesperación fue abrumadora a medida que deseaba dejarlo todo en la vida.

Sin embargo, la providencia de Dios llegó y Su gracia cruzó mi camino en el momento adecuado a través de mi hermana, Graciela. Gracia a través de Graciela, quien en ese momento era el único cristiano en la familia. Yo no sabía que había estado orando por mí durante seis años, viendo con mucho desanimo que mi vida empeoraba. Pero a pesar de mí, Graciela me mostró la gracia y el amor de Jesucristo durante esa etapa difícil de mi vida. Eso es lo que finalmente me llevó a la experiencia del nuevo nacimiento.

"Tristemente, aunque no nos guste admitirlo todos hemos hecho cosas que nos han marcado."

A pesar de que mi vida ahora es diferente, más de 18 años desde que el Joe del pasado hizo notar su presencia, habrá siempre un punto negro sobre mi reputación en esa etapa oscura de mi vida. Si sólo nosotros como seres humanos fuéramos tan comprensivos como Dios.

Tristemente, aunque no nos guste admitirlo todos hemos hecho cosas que nos han marcado. Todos nosotros en un momento u otro hemos sufrido tiempos difíciles. Todos hemos hecho algo que ha dejado un sabor amargo en los demás. Es parte del ser humano. Nadie es perfecto.

Podría haber sido un fracaso matrimonial, o dos o tres. Podría haber sido un escándalo en el trabajo que involucró mucha vergüenza. Podría haber sido una temporada larga de perder la paciencia con su cónyuge e hijos después de una etapa muy difícil en sus vidas. Cualquiera que hubiera sido el caso, todos hemos hecho cosas que nos han marcado. Todos hemos sufrido tiempos difíciles que han nublado nuestro juicio de una manera perjudicial.

Pero a pesar de nuestras fallas, a pesar de las manchas negras en nuestra historia, ya saben, esas temporadas marcadas en nuestro pasado; nuestro mañana y hasta nuestro hoy pueden ser mejores que nuestros manchados ayeres. Es posible recuperarnos de manera que esas decisiones que tomamos en el pasado no tienen que definir lo que somos hoy ni mañana. Es posible salir adelante cuando hacemos cosas que tienden a marcarnos de una manera negativa, aunque otros todavía se aferran a la imagen manchada de lo que fuimos en el pasado.

"Es posible recuperarnos de manera que esas decisiones que tomamos en el pasado no tienen que definir lo que somos hoy ni mañana."

La recuperación también es en nuestro mejor interés. Es una ventaja para nosotros ya que vamos a experimentar los beneficios de una vida bien vivida. Nosotros recibiremos la recompensa de una vida que se ha vivido con mucha sabiduría. Tocaremos más sobre este punto un poco más adelante, sobre la recuperación y sus ventajas.

En este capítulo me gustaría considerar a una mujer que también tuvo un pasado marcado. Su pasado le había dañado tanto así que su nombre llegó a ser asociado con la inmoralidad. Cada vez que mencionaban su nombre, era como si estuviera oyendo las palabras "ramera, prostituta, mujer de la noche," palabras perjudiciales que describían su reputación.

Pero interesantemente, esos adjetivos negativos que la describían y que la marcaron no tenían la última palabra sobre ella. Esas palabras perjudiciales no definieron quién resultó ser. La recuperación fue la clave.

Josué 6 nos da la historia de la preservación de Rajab la ramera. Israel conservó a Rajab y su familia cuando la ciudad de Jericó fue destruida, y la nación comenzó a tomar posesión de la tierra de Canaán, la Tierra Prometida. La liberación de Rajab se ve en los versículos 22-25.

22, Ahora bien, Josué les había dicho a los dos exploradores: "Vayan a casa de la prostituta, y tráiganla junto con sus parientes, tal como se lo juraron." 23, Así que, los jóvenes exploradores entraron y sacaron a Rajab, junto con sus padres y hermanos, y todas sus pertenencias, y llevaron a toda la familia a un lugar seguro, fuera del campamento israelita.

24, Sólo entonces los israelitas incendiaron la ciudad con todo lo que había en ella, menos los objetos de plata, de oro, de bronce y de hierro, los cuales depositaron en el tesoro de la casa del Señor. 25, Así, Josué salvó a la prostituta Rajab, a toda su familia y todas sus posesiones, por haber escondido a los mensajeros que él había enviado a Jericó. Y desde entonces, Rajab y su familia viven con el pueblo de Israel.

NUESTRAS TEMPORADAS MANCHADAS NOS HICIERON PERSONAS AVERGONZADAS

Anteriormente señalamos que todos hemos hecho cosas que nos han marcado. Por desgracia, nuestras temporadas manchadas nos hicieron personas avergonzadas. Esto fue lo que le pasó a Rajab. Ella había desarrollado una reputación de mal gusto.

Dos veces en este breve pasaje la describen como una prostituta. Esto se encuentra en los versículos 22 y 25. Rajab también es presentada como una ramera cuando aparece por primera vez en el Libro de Josué, capítulo 2, versículo 1. Los escritores del Nuevo Testamento, Hebreos 11:31 y Santiago 2:25, incluso la describen de esta manera. Parece que muchas de las veces el nombre de Rajab y la palabra ramera vienen en pareja. Su temporada manchada la hizo una persona avergonzada.

Pero consideremos esta idea un poco más. Es decir, la vida de Rajab como una ramera. ¿Qué le haría entregarse a algo así como la prostitución? ¿Qué la llevaría a comprometer su integridad noche tras noche, por el precio correcto? Tomemos en cuenta la cultura cananea para tener mas conocimiento.

La tierra de Canaán estaba llena de templos paganos. Era parte de su cultura religiosa, y estos templos estaban llenos de prostitutas donde se llevarían a cabo orgías sexuales. Las prostitutas del templo tenían relaciones con los cananeos a fin de garantizar que sus campos y rebaños serían fértiles. Por lo menos, eso es lo que pensaban. Las relaciones sexuales con las prostitutas del templo era un rito religioso de fertilidad en la tierra de Canaán. Estas prostitutas se tomaban en alta estima ya que se suponía que contribuían a la economía de la tierra.

Esto fue parte de la cultura de Rajab. Ella fue expuesta a diario a este tipo de conductas, era su norma. Participar en la prostitución en el templo no era necesariamente mal visto e incluso parecía estar animado. De modo que esto era todo lo que Rajab había conocido. Esto era la norma aceptada en su cultura, Rajab practicaba lo que era común en su sociedad.

Sin embargo, a pesar de que esta práctica recibía la aceptación cultural y social, no fue aprobada por el Altísimo y Santísimo de Israel, el Creador de los cielos y la tierra. La inmoralidad de los cananeos fue una de las razones por la cual el juicio divino vino sobre la tierra y los habitantes. La tierra como la creación de Dios ya no los soportaba a causa de sus prácticas abominables.

Ahora, hagamos una pausa por un momento y hagamos algunas preguntas de reflexión. ¿Cómo les va en su caminar con el Señor? ¿Están en el curso? ¿Están haciendo progreso hacia la madurez espiritual? ¿O han llegado a ser tan enredados con la cultura de la época que busca excluir los principios de las Escrituras de sus asuntos? ¿Se ha convertido la cultura de la época en su norma? "Bueno, Joe. Todo el mundo lo está haciendo, incluso mis amigos más cercanos de la iglesia. Así que, ¿por qué yo no?"

"Lamentablemente, un descuido puede llevarnos a una temporada de vergüenza, y nuestra historia manchada trabajará contra nosotros."

Permítanme compartirles un secreto. Así como Dios no aprobó ni aceptó las prácticas inmorales de los cananeos aunque recibieron la aceptación cultural, Él no aprueba ni acepta esas mismas prácticas el día de hoy a pesar de la opinión popular. Tal forma de pensar contradice Su naturaleza santa.

Es fácil sucumbir a las presiones de la sociedad y la cultura. No es fácil defender la justicia, no es fácil proteger la integridad, no es fácil preservar la piedad en un mundo que por lo principal se opone a tales cualidades. Lamentablemente, un descuido puede llevarnos a una temporada de vergüenza, y nuestra historia manchada trabajará contra nosotros. Nos hará personas avergonzadas. ¡Estoy aquí para declararles de la Palabra de Dios y de la experiencia que no vale la pena! Llegará un momento en que se arrepentirán porque nuestra historia manchada trabajará contra nosotros.

Bueno, regresamos a Rajab y a pensar un poco más acerca su situación. A pesar de que la prostitución del templo era la práctica común en su cultura, y a pesar de que los habitantes de Canaán recibían el estatus infame por su inmoralidad, Rajab no era una prostituta del templo. La palabra hebrea que se utiliza de Rajab como prostituta es la palabra *zona* que es diferente a la que se utiliza comúnmente para una prostituta del templo, *kadesh*.

Rajab no era parte de la academia de la *kadesh*. Rajab no era parte de la "sociedad de élite" de prostitutas del templo. Rajab no era una de ellas. Rajab era simplemente una prostituta de clase baja que participaba en el acto de la prostitución como una profesión. Ella era una prostituta humilde y no una prostituta del templo muy estimado por la cultura de los cananeos. Pero antes de que la juzguemos, les voy a dar una idea de por qué Rajab quizás escogió el camino de prostitución.

Es muy posible que Rajab se haya reducido a esta práctica por la muerte de su marido. El versículo 23 no menciona a su marido, sólo a su padre, su madre, sus hermanos, y todo lo que tenía. Hubiera sido muy raro de no mencionar el hombre de la casa, el patriarca en la historia a menos que él ya no viviera. Sin un marido, Rajab no estaba en condiciones de sostenerse a sí misma y mucho menos a los de su casa. Las mujeres en ese entonces no poseían la educación y las habilidades de las mujeres en la sociedad actual. Lo más probable era que Rajab fuera analfabeta e inepta.

Por otra parte, el capítulo 2, versículo 15 da a conocer que su casa estaba "en la muralla de la ciudad". En los tiempos bíblicos, muchas ciudades tenían paredes dobles para fines de enriquecimiento. Estas paredes dobles tenían espacio entre ellas que se usaban como viviendas. Una vivienda entre dos paredes sería una humilde morada. Aquí es donde la familia de Rajab pudo haber vivido el cual fue un lugar adecuado para una pobre prostituta.

Ahora bien, Rajab no tenía un marido para proveer para ella y su familia. Ella no poseía las habilidades o la educación. Así que ella podría haber hecho la única cosa posible dada su circunstancia en una cultura donde la prostitución era la norma cultural. Por desgracia, su temporada manchada la hizo una persona avergonzada, dejando su huella en las Escrituras como Rajab la ramera.

¿Alguna vez se han encontrado caminando en los pasos de Rajab? Las circunstancias que no esperaban los pusieron en una situación difícil e hicieron lo inimaginable. Hicieron algo

---

"¿Alguna vez se han encontrado
caminando en los pasos de Rajab?"

---

que nunca pensaban que harían. Pero dada la tendencia de la sociedad la decisión que tomaron hizo un poco más fácil su aceptación. Pero la mala decisión que tomaron quizá por desesperación o falta de conocimiento arruinó su reputación. Dejó un asterisco negro en su nombre allanando el camino para una temporada manchada y los convirtió en una persona avergonzada hasta la fecha.

Uno nunca sabe por qué las personas toman ciertas decisiones. Al igual que Rajab, la vida trae consigo lo inesperado, y a veces por desesperación o falta de conocimiento todos nosotros somos capaces de ir por un camino vergonzoso. Debemos tener cuidado cuando nos encontramos con una persona así. Queremos ser útiles en lugar de obstaculizar el proceso de sanidad.

Tal vez algunos de ustedes han tomado decisiones en su pasado que les han marcado lo que resultó en vergüenza. No están solos. Todos hemos estado allí ya sea algo muy importante o algo trivial. Estoy seguro de que todos nosotros hemos tomado algunas decisiones tontas. Es parte del ser humano. ¡Nadie, nadie, nadie es perfecto!

Sin embargo, lo bueno es que las decisiones que tomamos en el pasado no tienen que determinar el día de hoy o el de mañana. Rajab la ramera es un ejemplo de este tema. Podemos ser mejores y no amargados incluso después de una temporada difícil. ¿Están listos para unas buenas noticias? ¿Están listos para unas buenas nuevas? Porque les tengo unas. Aquí las tienen.

"Sin embargo, lo bueno es que las decisiones que tomamos en el pasado no tienen que determinar el día de hoy o el de mañana."

Fe en el Plan de Dios Protege de Su Juicio

Fe en el plan de Dios protege de Su juicio. A pesar de que Rajab estaba destinada para el juicio divino ya que ella era parte de Jericó, y aunque ella fue marcada como una ramera con una reputación vergonzosa, ésta prostituta humilde era el enfoque de la gracia de Dios, y ella la recibió. Rajab aprovecho el momento. Rajab ejerció fe en el plan de Dios, y Su juicio sobre Jericó la sobrepasó.

Ese es el principio teológico del pasaje. Esa es la verdad eterna que debemos de entender, lo que ejemplifica Rajab: Fe en el plan de Dios protege de Su juicio. ¡Esas son buenas noticias, queridos amigos! A pesar de que podríamos haber hecho cosas que nos marcaron y nos hicieron personas avergonzadas, esas decisiones tontas no tienen que definir nuestro destino. Yo soy un ejemplo de eso. Podemos recuperarnos a través de la fe en el plan de Dios que protege de Su juicio.

Ahora, el juicio divino al cual me estoy refiriendo es el juicio divino en el tiempo actual. El Señor no sólo protege de Su juicio por toda la eternidad cuando recibimos Su plan de salvación por medio de la fe en el Señor Jesucristo. El Señor también protege en el tiempo actual cuando recibimos Su plan que se encuentra en las Escrituras y permitimos que se desarrollen en nuestra vida cotidiana, es decir vivir conforme a Sus valores.

Déjenme mostrarles lo que quiero decir: Vamos a seguir

"El Señor también protege en el tiempo actual cuando recibimos Su plan que se encuentra en las Escrituras y permitimos que se desarrollen en nuestra vida cotidiana."

---

nuestra lectura en el versículo 25, "Así Josué salvó a la prostituta Rajab, a toda su familia y todas sus posesiones, por haber escondido a los mensajeros que él había enviado a Jericó. Y desde entonces, Rajab y su familia viven con el pueblo de Israel."

Rajab y su familia fueron protegidos del juicio de Dios, de la destrucción de Jericó. Es decir, fue un juicio que ocurrió en el tiempo actual. El pasaje no esta hablando de un juicio acerca de la pérdida de un alma por toda la eternidad. El juicio en consideración en este pasaje fue uno que ocurrió en el tiempo actual.

Pero Rajab fue preservada por una razón y solo una razón. Fue preservada porque ejerció fe en el propósito del Señor y lo demostró cuando ocultó a los israelitas que exploraron Jericó. Lo mostró cuando se sometió a la palabra del Señor por medio de los Israelitas. Rajab tomó pasos de fe y se comprometió a confiar en el plan redentor del Señor que los hijos de Israel como representes de Dios le dieron a conocer.

¡Esto es enorme amigos! La liberación de Rajab era extraordinaria desde que la ciudad de Jericó y todo su pueblo fueron puestos bajo de *cherem* (se pronuncia como *jerem*). *Cherem* es una palabra hebrea que significa "dedicando algo o alguien a Dios para Su uso exclusivo".

El Dios de Israel, Jehová, podía hacer lo que deseaba con esa persona o cosa que fue colocada bajo de *cherem*. En este caso, Jericó fue puesto bajo de *cherem* e implicó la aniquilación de la ciudad con todos sus habitantes. Al igual, significaba que también descartaba su redención.

La ciudad de Jericó llego a estar fuera de la gracia redentora de Dios. La ciudad y todos sus habitantes, las personas y los animales deberían ser completamente destruidos. Ningún preso iba a ser tomado. Era una guerra santa que Dios el Creador declaro contra los cananeos a causa de sus prácticas paganas y abominables que pervirtieron Su tierra. El Santísimo de Israel usó a Su pueblo, a Israel como Su instrumento de juicio para llevar acabo Su propósito.

Ahora, como un aparte. Es un día muy triste cuando la gracia redentora de Dios se ha removido de un pueblo como lo fue para Jericó. Esto es lo que hace la historia de Rajab fascinante. Rajab y su familia también estaban sujetos a *cherem*. Ellos también fueron parte de la comunidad de Jericó que iba a ser completamente destruida.

Sin embargo, Rajab fue protegida del juicio en el tiempo actual porque ella ejerció fe en el plan de Dios. La gracia de Dios cruzó el camino de esta ramera humilde, y ella aprovechó el momento. La gracia de Dios le dio a esta prostituta humilde lo que era lo mejor para ella, y ella puso su fe en acción. Ella se aferró a la oportunidad cuando los exploradores llegaron a Jericó. A consecuencia, el Dios de Israel obró en su nombre.

Eso queridos amigos es experimentar la gracia de Dios. Rajab la ramera era una persona avergonzada. Sin embargo, Dios le dio lo que necesitaba ya que se beneficiaría de ella, que es lo que la gracia hace. La gracia concede lo que uno necesita ya que es en su mejor interés. El proceso de la gracia empezó para Rajab cuando ejerció fe en el plan de Dios.

Ahora, permítanme hacerles algunas preguntas. ¿Están experimentando el poder liberador del Señor sobre una base regular? ¿Están con frecuencia viendo la gracia salvadora de Dios operar en sus vidas?

"La gracia de Dios le dio a esta prostituta humilde
lo que era lo mejor para ella, y ella puso su fe en acción."

Si la respuesta es no, ¿podría ser que no están ejerciendo fe en el plan de Dios y lo muestran no actuando sobre Su Palabra? Por lo tanto, siguen tratando con las mismas frustraciones, preocupaciones y temas día tras día, semana tras semana, mes tras mes, año tras año. No somos la excepción a este principio amigos. Fallar al ejercer fe en el plan de Dios a ser protegidos de la disciplina divina en el tiempo actual conducirá a nuestra caída como fue para Jericó.

Por favor no malinterpreten la paciencia del Señor. Él es soberano y está consciente de todo lo que sucede en Su mundo, es por eso que todo se realizará de acuerdo a Su plan. Así que consideremos hacer las cosas de manera diferente si deseamos ver resultados diferentes.

Reciban el Plan Redentor de Dios

Bueno, digamos que están de acuerdo con este principio, el principio de ver a Dios liberarnos y protegernos en el tiempo actual a medida que nos acoplamos a Su plan. Digamos que están de acuerdo con este principio. Entonces éstas son las preguntas.

¿Qué pueden hacer para experimentar el poder liberador de Dios con frecuencia? ¿Qué pueden hacer para experimentar la protección de Dios de manera regular en su diario vivir? ¿Cómo se pueden posicionar para asegurarse de que están viendo a Dios intervenir en su nombre?

Esta es mi sugerencia: Reciban el plan redentor de Dios. Reciban el plan redentor de Dios ya que tiene el poder para libe-

---

"Por sus acciones sabias estarán creyendo que el camino del Señor es el mejor curso de acción."

---

rarlos y protegerlos en su rutina diaria. Esto es lo que quiero decir.

La próxima vez que se encuentren en una crisis, digamos que son padres, y el conflicto en curso es con uno de sus hijos. Tomen las medidas adecuadas en lugar de contribuir al problema. Hablen con ellos con un sentido de dignidad. Se lo merecen ya que son creados a imagen y semejanza de Dios. Pero también hay que crear límites sanos desde que tienen una responsabilidad como padres.

Ahora, al tratar a sus hijos con un sentido de dignidad, así como asumir su papel como padres responsables, estarán tomando pasos en la dirección del Señor. Por sus acciones sabias estarán creyendo que el camino del Señor es el mejor curso de acción. Estarán creyendo que el plan redentor de Dios es la mejor manera de tratar el asunto, y por lo tanto están confiando que Su camino traerá consigo el alivio necesario. Están confiando que la liberación y protección necesaria de la situación difícil llegara a su debido tiempo.

Yo puedo recordar una experiencia de trabajo que me ocurrió hace varios años. Trabajaba para un supervisor que constantemente trataba de intimidar a los empleados. Un día me di cuenta que él estaba tratando de despedirme. Sin embargo, seguí haciendo mi trabajo a pesar de que se convirtió en una rutina difícil. No lo tomé como algo personal ya que lo hacía con los demás. Yo definitivamente no le iba a dar la satisfacción de correrme.

Un día el supervisor por fin cruzó la línea. Ya no podía ocultar su desprecio hacia mí con el pretexto de la crítica profesional. Él comenzó a acusarme de algo que no había hecho, y lo hizo con palabras abusivas. Aún más exasperó el asunto cuando invadió mi espacio personal. Me tuve que alejar ya que se llevó todo mi esfuerzo para no darle entre los ojos. No estoy seguro si estaba caminando por medio del Espíritu en ese momento, o tal vez si estaba desde que me negué a participar.

Sin embargo, al día siguiente me fui al departamento de Recursos Humanos. Les entregue una carta describiendo todo lo que había observado y lo que había experimentado. Me sometí al proceso que la compañía había indicado con respecto a esos asuntos. Me sometí a su autoridad como las Escrituras nos llaman como creyentes. Se inició una investigación, y en dos semanas lo despidieron. Mis compañeros de trabajo y yo ya no teníamos que lidiar con él.

¿Cuál es el punto? Necesitaba recibir el plan redentor de Dios para que el empezara a trabajar en mi nombre. ¿Cuál era

Su plan en esta ocasión? El de someterme al proceso puesto por la compañía con respecto a supervisores abusivos. Sí claro, sería más fácil involucrarme en gritos y golpes con el supervisor. Pero al hacerlo me estaría negando la oportunidad de ver al Dios eterno obrar en mi nombre en el tiempo actual, y nadie sabe hacerlo mejor que Él.

Reciban el plan redentor de Dios, amigos. El Señor tiene el poder y la autoridad para redimirnos por toda la eternidad así como en el tiempo actual. Descubran lo que las Escrituras tienen que decir de los temas que son sus luchas, y tomen acción conforme a ellas. Reciban el plan redentor de Dios para que experimenten Su liberación, Su protección, Su gracia salvadora.

"El Señor tiene el poder y la autoridad para redimirnos por toda la eternidad así como en el tiempo actual."

Van a Experimentar el Fruto de Su Fe

Ahora, a medida que comiencen a recibir el plan redentor de Dios, ¿qué se pueden esperar? ¿Que resultados pueden anticipar? Leamos el versículo 25 de nuevo para darnos cuenta: "Así Josué salvó a la prostituta Rajab, a toda su familia y todas sus posesiones, por haber escondido a los mensajeros que él había enviado a Jericó. Y desde entonces, Rajab y su familia viven con el pueblo de Israel."

Ahora, por favor noten lo que se le dio a Rajab. No solo se le dio la salvación de la aniquilación, sino también se le brindó un lugar dentro de la comunidad de Israel lo que significaba ciertos privilegios que ninguna otra nación podría disfrutar.

Pero aún más importante. El mayor privilegio de Rajab fue su participación en la línea del Mesías. Ella descendía del linaje del Señor Jesucristo. Sólo cuatro mujeres son mencionadas en la genealogía del Señor Jesús en Mateo 1:5. Rajab la ramera es una de ellas. Estos privilegios fueron el resultado de su fe en el plan redentor de Dios. Ella y sus descendientes fueron posicionados para un futuro fructífero y lleno de esperanza.

¿Qué se pueden anticipar cuando reciben el plan redentor de Dios? Van a experimentar el fruto de su fe ya que el Señor recompensa a los que le buscan con fe. Van a experimentar el fruto de su fe que esta anclada en las Escrituras.

¿Alguna vez han pensado que su fe en el Señor tiene el potencial de llegar más allá de su vida como lo hizo para Rajab? La vida no se trata sólo de nosotros, amigos. Tenemos la oportunidad de dejar un legado duradero a nuestros hijos y a los de nuestro alrededor. Vamos a almacenar tesoros eternos con nuestras decisiones acertadas que tomamos aquí en el tiempo actual. Vamos a experimentar el fruto de nuestra fe en el plan redentor de Dios que tiene el poder y la autoridad de llegar más allá de nuestra vida actual.

Conclusión

Anteriormente mencione que mi pasado no era lo que es ahora. En pocas palabras, necesitaba al Señor, y era obvio. Estoy agradecido por la gracia de Dios a través de mi hermana Graciela, quien me introdujo al Señor Jesucristo. Cuando por fin recibí Su plan comencé a experimentar Su poder liberador, Su protección, Su redención y mucho mas a través del tiempo.

Inmediatamente, tuve la certeza de que el juicio eterno de

Dios se había retirado de mi vida ya que estaba bien relacionado con Él por medio de la fe en Su Hijo, el Señor Jesucristo. La ira de Dios ya no estaba dirigida hacia mí ya que el Señor Jesús se había convertido en mi Salvador personal. Progresivamente, a medida que empecé a ver la vida desde un punto de vista bíblico, poco a poco comencé a ver la mano del Señor sacándome de situaciones perjudiciales.

Cuanto más el Señor lo hacía, más empecé a experimentar el fruto de mi fe en Su plan. Los temas que me preocupaban durante años en el pasado, comenzaron a disiparse mientras que otros llegaron a ser más manejables. Pude ver que Dios estaba obrando en mi vida en la medida en que recibía Su plan, no sólo para toda la eternidad sino también aquí en el tiempo actual. Como Rajab lo hizo en los tiempos de la antigüedad, como yo lo hice hace años, los animo a que reciban el plan redentor de Dios. Es la clave para su redención eterna al igual como en el tiempo actual.

Capítulo 3

Rut: De la Pobreza a la Riqueza

Rut 4:13-17

NADIE PUEDE ELEGIR SU HERENCIA

HACE VARIOS AÑOS, hubo una película titulada "A Punto de Lanza". Este documental, trató de relatar la historia de 1956 de la Operación Auca en el que cinco misioneros evangélicos de los Estados Unidos intentaron evangelizar a los guaraníes de la selva amazónica. Por desgracia, cuando los misioneros encontraron este grupo indígena, fueron atacados y lanceados hasta la muerte. Una banda de guerreros guaraníes que eran conocidos por su violencia les tomó sus vidas.

Sin embargo, cuando comencé a pensar en esta historia, me pareció fascinante el hecho de que cada uno de esos guerreros nació en esa cultura. Los guerreros no tenían más remedio que nacer en una cultura que promovía un estilo de vida de violencia, de prácticas paganas y un pensamiento de la vida que ofrecía mínima esperanza. La elección de su linaje estaba simplemente fuera de su control.

¿Qué no les parece interesante que nadie puede elegir su herencia? Tanto si ustedes vienen de un linaje que es la crema y nata o descendiente de familia humilde, algunas cosas en la vida están simplemente fuera de nuestro control. Por desgracia, la tradición de uno puede determinar cómo lo visualizan.

Ustedes pueden ser personas honradas. Pero si su herencia tiene una historia negativa, están agrupados automáticamente en esa categoría. O puede ser que vengan de un linaje bueno, y se supone que también son lo mismo. Pero eso podría estar muy lejos de la verdad. Cualquiera que sea el caso, nadie elige su herencia.

Esto me recuerda de la historia de Tyler Perry, un famoso director de cine y actor estadounidense. La infancia de Perry en Nueva Orleáns se caracterizó por un patrón de abuso por parte de su padre. Con el tiempo, salió de esa relación rota ya que se convirtió para él en una fuente de amargura y falta de perdón.

Sin embargo, se puede decir con certeza que su linaje estaba muy lejos de donde se encuentra ahora. Su linaje perjudicial también podría haber obstaculizado su futuro. Al igual que el actor Tyler Perry, al igual que los guerreros guaraníes, nadie elige su herencia.

¿Qué hay de ustedes, amigos? ¿Se sienten como si hubieran nacido en un ambiente de vida que les ha obstaculizado con respecto a la falta de oportunidades? ¿Sienten que estarían mejor si se hubieran separado de la herencia que es una parte de su historia?

Tal vez vienen de una tradición donde su padre no fue la imagen perfecta de la paternidad. Perdió su tiempo y dinero en la borrachera, con otras mujeres, abusando de su madre, de ustedes y sus hermanos. Pero no sólo eso, sus tíos también tuvieron la misma reputación. Y ellos actuaron como lo hicieron porque su papá, su abuelo era de la misma manera.

En consecuencia, cada vez que alguien piensa en un varón de su familia es natural suponer que ustedes son iguales a ellos. No les brindan un trato justo en la vida. No les dan la oportunidad de ser su propio hombre. O tal vez podrían venir de una línea en la que su madre, sus tías, sus hermanas quedaron embarazadas y terminaron abandonadas. Pasaron su vida como en una puerta giratoria de los hombres que entraban y salían de sus vidas. Nunca progresaron en la vida. Por lo tanto, lo mismo también se espera de ustedes. Nunca se les da el beneficio de la duda. Ustedes están fuera de tener una historia de éxito.

Quizá podrían venir de una tradición de divorcio. Si las

"A propósito, será ventajoso para nosotros rechazar las conductas que llevaron las manchas a nuestra herencia."

---

cosas no salen bien, bueno vamos a pasar al matrimonio 2, 3, 4 que los deja con pocas esperanzas de tener un matrimonio saludable. Les proyectan las fallas de su linaje con todas sus deficiencias a ustedes mismos también. Nunca les dan la esperanza de tener un matrimonio fructífero. Cualquiera que sea el escenario, nadie elige su linaje aunque a veces podríamos desear que nuestra suerte en la vida pudiera haber sido diferente.

Sin embargo, a pesar de cualquier influencia negativa que podría ser parte de nuestra herencia, digo si eso es el caso, nosotros no tenemos que seguir el mismo ejemplo. No tenemos que tener la misma tradición que se nos transmitió si no es en nuestro mejor interés. A propósito, será ventajoso para nosotros rechazar las conductas que llevaron las manchas a nuestra herencia.

¿Por qué? En pocas palabras, por qué nos dará una oportunidad de tener éxito hoy en día, así como posicionarnos para la perspectiva de transmitir una herencia mejor de la que quizá se nos haya transmitido. Nos estaremos preparando para un futuro más brillante que el que quizá fue mostrado para nosotros. Hablaremos más acerca de este tema un poco más tarde, el tema de dejar un mejor legado al que quizá se nos dio.

En el Libro de Rut, se nos da la historia de una mujer que venía de un linaje deshonroso. Debido a su tradición ofensiva, Rut fue la candidata más probable de no ser la recipiente de todo lo bueno que le llegó.

Nadie la hubiera imaginado como una persona de éxito ya que tenía vínculos con un linaje vergonzoso. Podemos echar un vistazo de su éxito en el capítulo 4, los versículos 13-17.

Nuestra Herencia Desagradable Puede Conducir a Obstáculos

13, Así que, Booz tomó a Rut y se casó con ella. Cuando se unieron, el Señor le concedió quedar embarazada de modo que tuvo un hijo. 14, Las mujeres le decían a Noemí: "¡Alabado sea el Señor, que no te ha dejado hoy sin un redentor! ¡Que llegue a tener renombre en Israel! 15, Este niño renovará tu vida, y te sustentará en la vejez porque lo ha dado a luz tu nuera que te ama y es para ti mejor que siete hijos." 16, Noemí tomó al niño, lo puso en su regazo y se encargó de criarlo. 17, Las vecinas decían: "¡Noemí ha tenido un hijo!" Y lo llamaron Obed. Éste fue el padre de Isaí, padre de David.

Ahora, antes señalamos que nadie elige su herencia. Lamentablemente, nuestra herencia desagradable puede conducir a obstáculos. Este parece ser el caso de Rut. Rut era una moabita. Su tradición era repulsiva para los israelitas. Su herencia desagradable la llevo a muchos obstáculos. En los ojos de los israelitas, ella era una persona que no iba a sobrevivir y mucho menos prosperar dentro de la comunidad de Israel.

Esto me recuerda de las películas de "El Padrino" y del personaje principal, Michael Corleone. Él hizo todo lo posible para desvincularse de la empresa familiar que involucró a varias empresas criminales. Se alistó en el ejército, y se convirtió en un capitán marino bien decorado. Una vez que fue dado de baja honorablemente de su servicio a su país, se inscribió en la universidad. Tenía la esperanza de entrar en la política y llevar una vida más convencional.

Sin embargo, por mucho que lo intentó simplemente no podía sacudir su herencia, y su linaje desconfiado lo llevo a muchos obstáculos. Se le hizo muy difícil tener éxito fuera de la empresa familiar. La desconfiada herencia de Rut también la llevó a muchos obstáculos. Fue muy difícil para ella tener éxito dentro de la comunidad de Israel. Las oportunidades para tener éxito estaban en su contra. Así que vamos a considerar algunos de los obstáculos que Rut enfrentaba debido a su tradición.

Para empezar, estaba la vergonzosa historia de origen de los moabitas. Este grupo de personas fueron el resultado de una relación incestuosa entre Lot y su hija mayor (véase Génesis 19:30-38). Que vergonzoso árbol genealógico. Es decir, un padre teniendo relaciones sexuales con sus hijas que se transmitió a los niños. Esa fue la herencia de Rut.

Los moabitas también adoraban a Quemos. Quemos era su deidad patrona que requería el sacrificio humano, especialmente de niños como un rito de fertilidad. El sacrificio humano era una abominación para el Dios de Israel y para la nación en su conjunto. Esa era una de las razones por la cual la tierra de Canaán fue juzgada por Dios en el tiempo de Josué. La tierra estaba llena de este tipo de prácticas repulsivas que era parte de la cultura moabita.

Ahora, a los moabitas también se les prohibió convertirse en ciudadanos de Israel y tomar parte en la adoración de su Dios. Ellos eran hostiles hacia los israelitas cuando salieron de Egipto, cuando más necesitaban ayuda de sus parientes.

Los moabitas también contrataron a Balán el brujo para poner una maldición sobre ellos (véase Deuteronomio 23:3-4). Las acciones de los moabitas los llevaron a ser rechazados por los israelitas a pesar de que eran parientes. Había una historia de hostilidad entre ellos.

Ahora, Rut también es señalada repetidamente a lo largo de la historia como originaria de Moab. Esto fue la manera en que el autor hace saber claramente a sus lectores las raíces de Rut. Rut era una despreciada moabita.

Una primera lectura de la historia de Rut y conociendo la historia de las relaciones entre Israel y los moabitas, a uno nunca se le ocurriría que ella llegaría a ser la heroína de la historia.

Rut también es comparada con Tamar. Tamar fue la que se prostituyó con su suegro Judá. Rut se compara con ella ya que ambas tenían una situación deplorable, y ambas eran extranjeras en la comunidad de Israel (véase Rut 4:12). Por lo tanto, cuando se considera la herencia de Rut su historia negativa fue enorme. Había una montaña de equipaje negativo atado a su linaje. Su herencia desconfiada la llevo a muchos obstáculos. Se hacía casi imposible para que ella tuviera éxito dentro de la comunidad de Israel.

Su historia es similar a la historia de Rocky Balboa. Rocky era un joven punk de Filadelfia que tenía aspiraciones de convertirse en un campeón de boxeo. Sin embargo, creció en la calle que era su tradición. Fue marcado como un holgazán inútil. Era extremadamente difícil para que él tuviera éxito. Su linaje cuestionable trajo muchos obstáculos a su camino, al igual que la desconfiada herencia de Rut trajo muchos obstáculos a la suya.

Ahora, permítanme hacerles unas preguntas. ¿Se pueden identificar con Rut? Es decir, ¿se les ha adjuntado un estigma a causa de un linaje vergonzoso? ¿Son vistos como una persona que nunca tendrá éxito dado su marcado linaje?

El Desinterés en las Relaciones Puede Superar los Obstáculos

Si su respuesta es sí, tengo buenas noticias para ustedes. ¿Están listos para unas buenas nuevas porque tengo algunas para ustedes? Hay algo que podemos hacer para superar la adversidad que nos ha perjudicado. Independientemente de la he-

---

"El desinterés en las relaciones puede superar los obstáculos."

---

rencia cuestionable que pueda ser parte de nuestra historia, hay algo que podemos hacer que nos ayudará a dar forma a nuestro destino para mejorarlo.

Me gustaría darles la clave para resolver esa tensión. Me gustaría presentarles la clave que les ayudará a comenzar a colocarse en una posición para tener éxito. Y que el éxito también se extienda más allá de su vida actual. ¿Están listos para unas buenas nuevas? ¿Están listos para unas buenas noticias? Aquí están: El desinterés en las relaciones puede superar los obstáculos. Esa es la clave amigos. Esa es la clave para resolver el dilema.

Pero a la mejor se estarán preguntando, "¿Cómo puede ser que las relaciones son vinculadas con la superación de los obstáculos? Sobre todo si una herencia vergonzosa está involucrada."

Permítanme mostrarles lo que quiero decir. Consideremos nuestro pasaje de nuevo.

13, Así que Booz tomó a Rut y se casó con ella. Cuando se unieron, el SEÑOR le concedió quedar embarazada, de modo que tuvo un hijo. 14, Las mujeres le decían a Noemí: "¡Alabado sea el SEÑOR, que no te ha dejado hoy sin un redentor! ¡Que llegue a tener renombre en Israel! 15, Este niño renovará tu vida y te sustentará en la vejez, porque lo ha dado a luz tu nuera, que te ama y es para ti mejor que siete hijos." 16, Noemí tomó al niño, lo puso en su regazo y se encargó de criarlo. 17, Las vecinas decían: "¡Noemí ha tenido un hijo!" Y lo llamaron Obed. Éste fue el padre de Isaí, padre de David.

Ahora, enfoquémonos. Les mencione que la clave para superar un linaje de mal gusto es a través de un desinterés en las relaciones ya que pueden ayudar a superar los obstáculos. Rut ejemplifica este pensamiento en su relación con Noemí que se ve a lo largo de toda la historia, aunque la adversidad y los obstáculos estaban en contra de ella. Recuerden como le respondió Rut a Noemí cuando Noemí le pidió que se alejara de ella.

"¡No insistas en que te abandone o en que me separe de ti! Porque iré adonde tú vayas, y viviré donde tú vivas. Tu pueblo será mi pueblo, y tu Dios será mi Dios. Moriré donde tú mueras, y allí seré sepultada. ¡Que me castigue el Señor con toda severidad, si me separa de ti algo que no sea la muerte!" (véase Rut 1:16-17).

Un desinterés en las relaciones pueden ayudar a superar los obstáculos. Rut ejemplifica este pensamiento en su relación con Noemí, aunque la adversidad y los obstáculos estaban en contra de ella. Y por favor no se pierdan lo que siguió.

El Señor premió la dedicación desinteresada de Rut con Noemí, y le concedió un hijo en la línea mesiánica que también las sostendría en su vejez. Obed fue el hijo de Rut, este fue el padre de Isaí, el padre de David el cual produjo la línea mesiánica. Independientemente de la herencia desagradable de Rut, el Señor honró sus esfuerzos desinteresados con Noemí. La recompensa fue una que vio en su vida y otra que la superó. Pero nunca hubiera ocurrido sin el desinterés de Rut en su relación con su suegra Noemí.

Permítanme llenar algunos detalles para que la historia se haga aún más clara. Rut y Noemí necesitaban un pariente cercano que fuera capaz de volver a comprar las tierras que perdieron cuando sus dos maridos murieron. También necesitaban un descendiente que fuera capaz de heredar la tierra una vez recuperada. No tenían ninguno de los dos. Sin embargo, el Señor

---

"Independientemente de la herencia desagradable de Rut, el Señor honró sus esfuerzos desinteresados con Noemí."

---

proporcionó ambos. El Señor proveyó el pariente cercano que podría comprar la tierra, a Booz. Luego también proveyó al descendiente que podría heredar la tierra, a Obed, el niño del matrimonio.

Eso queridos amigos es experimentar la gracia de Dios. Dios les concedió a esas mujeres su necesidad porque sería lo mejor para ellas. Rut y Noemí experimentaron la gracia, y eran mejores a causa de ella que es lo que la gracia hace. La gracia ayuda a superar a las personas lo que pueda conllevar.

Aún más claro. El Señor en Su providencia dio a Booz la estrecha relación para que se casara con Rut quien luego redimió la tierra. Fue la providencia del Señor porque se conocieron en el campo, y no por casualidad. El capitulo 2 lo da a conocer. El Señor organizo los pasos de ambos. Entonces, el Señor intervino directamente, como el pasaje también da a conocer, "el Señor le concedió quedar embarazada, de modo que tuvo un hijo", no una hija sino un hijo. Este hijo algún día heredaría la tierra la cual una hija no podía heredar.

El Señor premio la dedicación desinteresada de Rut con Noemí proporcionando la necesidad inmediata. Ambas serían atendidas a través del matrimonio de Rut con Booz al igual por el hijo que nació de esa unión. Pero el Señor también fue más allá de su necesidad inmediata. Él Señor honró los esfuerzos desinteresados de Rut con un regalo que trascendió su vida. Ella dio a luz a un hijo a quien llamaron Obed.

"La gracia ayuda a superar a las personas lo que pueda conllevar."

Obed fue padre de Isaí quien fue el padre de David. David fue el rey más grande de Israel. La línea de David eventualmente produjo el Rey más grande que el mundo ha conocido, el Señor Jesucristo. Pero todo esto sucedió debido al desinterés de Rut en su relación con Noemí. El resultado fue inimaginable tanto en lo inmediato como a la distancia.

A principios de los años 80 hubo una serie de televisión titulada "Blanco y Negro". La clave para el éxito del programa fue la dinámica familiar que los productores del programa trataron de destacar semana tras semana. La estructura familiar de la serie tenía a dos pobres muchachos afroamericanos de Harlem, Willis y Arnold Jackson. Los muchachos fueron acogidos por un rico hombre de negocios caucásico de Park Avenu, Phillip Drummond y su hija Kimberly. Esto fue una interesante dinámica familiar.

Sin embargo, déjenme decirles cómo Willis y Arnold terminaron con el señor Drummond. Permítanme un momento para hacerles saber cómo esos dos pobres muchachos de raza negra de Harlem terminaron viviendo una vida de lujo en un condominio de Park Avenu.

Durante años la madre de los niños había sido ama de llaves abnegada del señor Drummond. Desafortunadamente, ella cayó enferma y murió.

Sin embargo, justo antes de morir le preguntó al señor Drummond si podía ser el tutor legal de sus chicos. El señor Drummond estaba abrumado. No podía creer lo que estaba oyendo.

Pues verán, en la época en la que pasaban el programa existía una división racial. Sería muy raro encontrar un afroamericano viviendo en Park Avenu y mucho menos una familia inter-racial viviendo dentro de esa comunidad. Sin embargo, debido a los esfuerzos desinteresados de la señora Jackson como su ama de llaves fue favorecida por el señor Drummond. Ella se había convertido en parte de su familia desde que había sido desinteresada en la relación.

Así que cuando se presentó la solicitud en relación con sus hijos, el señor Drummond vio cómo su responsabilidad el ayudar debido al esfuerzo desinteresado de la señora Jackson. La mayor preocupación de la señora Jackson de no saber dónde sus hijos terminarían una vez que falleciera, estaba cuidada y atendida de una manera que ella nunca hubiera esperado tanto de forma inmediata como en el futuro.

¿Cuál es mi punto? El desinterés en las relaciones puede superar los obstáculos. Eso queridos amigos es el mensaje del pasaje. Ese es el principio eterno que debemos de entender y hacerlo nuestro a fin de ver a Dios llevar a cabo Su plan en nuestras vidas. La vida consiste de relaciones. Dios nos creó en un contexto de relaciones ya que Él ha existido siempre en un contexto de relaciones. El Padre, el Hijo y el Espíritu Santo siempre han tenido una relación eterna.

La providencia del Señor coloca a muchas personas en nuestro camino. ¿Somos desinteresados en esas relaciones, incluso si son sólo por una temporada? ¿O nos volvemos egoístas, buscando en primer lugar nuestros propios intereses?

Bueno, podrían estar diciéndose: "Entiendo el principio en curso. Sin embargo, tú no entiendes, Joe. Me han traicionado demasiadas veces debido a mis esfuerzos desinteresados en la amistad. Así que ya no valoro ese principio tanto como antes.

"La providencia del Señor coloca a muchas personas en nuestro camino. ¿Somos desinteresados en esas relaciones, incluso si son sólo por una temporada?"

Valoro algo más grande, como ver por mis intereses primero y luego después voy a pensar un poco en los demás." Oigan, yo no los culpo. ¡A nadie le gusta que lo traicionen! Yo he estado allí. Desafortunadamente, demasiadas veces.

Sin embargo, si vamos a dar pasos hacia la madurez espiritual, si estamos deseosos de modelar nuestra vida basada en Cristo, vamos a tener que asumir riesgos en las relaciones incluso si eso significa tener que ser traicionados a veces. Ahora, no estoy diciendo que no debemos de ejercer discernimiento y buen juicio. Pero vamos a tener que dar a la gente el beneficio de la duda.

¿No es esto lo que el Señor Jesús hizo? Él siempre dio a la

gente la oportunidad de tomar decisiones relativas a Su carácter. Él sabía que Judas lo traicionaría. Sin embargo, Él lo eligió como uno de los doce apóstoles. El Señor le dio la oportunidad de tomar decisiones hasta que él reveló sus verdaderas intenciones. Se necesita valor para apreciar los principios bíblicos. Uno de estos principios es de ser desinteresados en las relaciones.

Si vamos a hacer una diferencia en la agenda de Dios, vamos a tener que valorar Sus principios sobre los nuestros. Vamos a tener que ser desinteresados en las relaciones, incluso si se trata de tomar riesgos porque a veces así va hacer. Se va a requerir fe. Esos pasos de fe nos ayudaran a superar los obstáculos, así como a beneficiar nuestro crecimiento espiritual que es el núcleo del plan bondadoso de Dios para nuestras vidas.

"Sean desinteresados en sus relaciones
ya que es ventajoso para todos los
involucrados, incluyendo a ustedes mismos."

SEAN DESINTERESADOS EN SUS RELACIONES

Así que si este es el caso, ya que las relaciones desinteresadas pueden ayudar a superar los obstáculos, les ruego que dejen que este principio se desarrolle en sus vidas. Sean desinteresados en sus relaciones ya que es ventajoso para todos los involucrados, incluyendo a ustedes mismos.

Ahora, déjenme pintarles un escenario de lo que esto podría ser en sus vidas diarias. Me gustaría centrarme en los hombres ya que tenemos más dificultades de conexión en el área de las relaciones.

Hombres, piensen en una relación en sus vidas que necesitan mejorar. Ahora, no me estoy refiriendo a una relación en la que la otra persona no ha mostrado interés. A veces las personas optan por no participar en el nivel que podríamos estar esperando.

Eso está bien. Esas situaciones simplemente tenemos que dejarlas pasar. Tenemos que aceptar esos tipos de casos y seguir adelante cuando se hace claro que la otra persona no está interesada. No se desanimen. A mi me a pasado muchas veces, y me pasa hoy en día.

Ciertas relaciones sencillamente no son un buen ajuste para la etapa en la cual nos encontramos o para nuestras vidas en su conjunto. Tómenlo como que si la providencia del Señor les esta afirmando quienes son y quienes no son las personas que deben ser parte de sus vidas. Queremos personas saludables en nuestro camino que serán alentadoras y no una carga. A lo que yo me refiero es a una relación en la que hay interés mutuo. Pero también necesitan mejorar. Piensen en una relación de ese tipo, hombres.

Ahora, ¿qué cosa pueden hacer para mejorar la relación? Por ejemplo, podría implicar hacer algo por su cónyuge que pudiera aliviar su carga. Como darles un tiempo solo después de un largo día con los niños. O tal vez preparar la cena o llevarla a cenar después de un día de trabajo muy largo.

¿Qué cosa pueden hacer hombres que sea muy práctico pero significativo para la otra persona? ¿Qué es algo que está dentro de sus capacidades hombres que puedan comenzar hoy mismo? ¿Qué cosa podemos hacer para mejorar esa relación?

Señalo que podemos porque me estoy incluyendo a mí mismo. Yo no soy inmune a estos tipos de situaciones o a los fracasos de la vida. Si no saben pregúntenle a esa persona. ¿Qué cosa pueden hacer para mejorar esa relación con la esperanza de llegar a ser desinteresado ya que es de beneficio para todos los involucrados.

Pueden Anticipar los Beneficios de Una Relación que ha sido Conservada Desinteresadamente

Ahora, ¿qué pueden anticipar? ¿Qué se pueden esperar cuando son desinteresados en sus relaciones? Pueden anticipar los beneficios de una relación que ha sido conservada desinteresadamente. Esto es lo que podría parecer.

Si tienen hijos, pueden anticipar un nivel de confianza y la admiración de ellos ya que saben que tienen sus mejores intereses en mente. ¿Y cómo se darán cuenta sus hijos de esto? Porque han estado alimentando su relación con ellos. Eso es algo que cualquier padre prudente puede esperar. Es decir, una relación íntima con sus hijos debido a la cercanía de su relación.

Aquí hay algo más que pueden anticipar a consecuencia de expresar desinterés en sus relaciones. ¿Qué les parece ser realmente apreciados en el trabajo debido a su mentalidad de jugador en equipo? Esto es algo que cualquiera de nosotros podemos apreciar, siendo altamente valorados en nuestro lugar de trabajo que normalmente se convierte en mayores oportunidades debido a nuestra contribución desinteresada.

Aquí hay otra ventaja. ¿Qué les parece un matrimonio rico donde usted y su cónyuge están disfrutando de uno y otro en todos los niveles, espiritualmente, emocionalmente y sexualmente ya que están haciendo su matrimonio una prioridad? Esto es algo que cualquier persona casada puede apreciar y alguien soltero esperando casarse puede comenzar a considerar.

El punto es que todos estos son resultados positivos. Estos son resultados que pueden esperar a medida que comienzan sus esfuerzos desinteresados en las relaciones. Esta forma de pensar nos ayudará a superar los obstáculos ya sea con nuestros hijos, en nuestro matrimonio o nuestros esfuerzos en el trabajo. ¿Qué se pueden anticipar cuando muestran desinterés en sus relaciones? Pueden anticipar los beneficios de una relación que ha sido conservada desinteresadamente.

CONCLUSIÓN

Anteriormente les mencione que en 1956 cinco misioneros cristianos estadounidenses perdieron la vida mientras evangelizaban al pueblo Guaraní de la selva de Ecuador. A pesar que

---

"Esta forma de pensar nos ayudará a superar los obstáculos ya sea con nuestros hijos, en nuestro matrimonio o nuestros esfuerzos en el trabajo."

---

la muerte de los misioneros fue una gran pérdida, dos de las mujeres del equipo misionero continuaron el esfuerzo.

Poco después del incidente hicieron con éxito un pacífico contacto con el pueblo guaraní, y empezaron a vivir con ellos en la selva. A medida que las mujeres comenzaron relaciones desinteresadas, los guerreros comenzaron a recibir la salvación del Señor Jesucristo.

Sin embargo, no sólo lo recibieron, un par de los guerreros que participaron en el ataque se convirtieron en los ancianos y los predicadores en la iglesia Guaraní. Algunos incluso aparecieron en campañas de evangelización de Billy Graham en el que dieron su testimonio. Pero aún más profundo fue que después de su conversión, dos de los guerreros terminaron bautizando a dos hijos de uno de los misioneros que habían dado muerte.

Cuando todo parecía perdido, los esfuerzos de los misioneros se convirtieron en algo que trascendió su vida. Todo empezó con las relaciones desinteresadas que las mujeres desarrollaron. Sean generosos en sus relaciones ya que tienen el potencial de superar los obstáculos al igual producir resultados duraderos.

Capítulo 4

$$\sim\!\!\sim$$

El Endemoniado:
De la Miseria a Mensajero

Marcos 5:1-20

EL MAL ESTÁ PRESENTE EN NUESTRA SOCIEDAD

YO PUEDO RECORDAR haber visto en las noticias acerca de un niño de cuatro años que fue reportado como desaparecido. Su madre llegó a casa del trabajo, y no lo encontró con su novio. La madre rápidamente se fue a la casa del vecino, y le preguntó si lo habían visto. Nadie conocía su paradero.

Ella terminó llamando a la policía, y comenzó una búsqueda. El camino los llevó de vuelta a la casa donde vivían donde el cuerpo del niño fue descubierto bajo el porche. Se presumió que el novio era el responsable. Sin embargo, no había ninguna razón para que ese niño hubiera muerto al parecer en manos del novio. Era un niño inocente que cayó víctima de la maldad. Era un niño inocente que ni tuvo la oportunidad de defenderse.

Vivimos hoy en un mundo donde el mal está presente en nuestra sociedad. No hay un día sin algún tipo de mal en los titulares. La idea de lo que ocurrió a ese niño fue repulsiva. No hay otra explicación pero a la conclusión de que existe una influencia impulsora detrás de un acto tan malvado. Lamentablemente, esto es sólo uno de los cientos de actos malvados que se producen en nuestra sociedad hoy en día. El mal está presente en nuestra sociedad.

Tengo un buen amigo que fue un detective de la policía en los crímenes contra niños. Como una forma de aligerar las cargas de su trabajo, él compartía conmigo algunos de sus casos. Sobre una base constante, mi amigo estaba agobiado e incrédulo ante lo que sucedía a los niños diariamente.

"No hay ninguna explicación humana," me decía, "que cualquier persona en su sano juicio podría hacer tales cosas a los niños. Tiene que haber una fuerza impulsora detrás de sus acciones. ¡Lo que hacen es una maldad! ¡Lo que hacen a los niños inocentes no es más que de la boca del infierno!"

Parece que el mal está presente en nuestra sociedad. Vivimos en un mundo que esta corrompido a causa del pecado original, a causa del pecado de Adán. Vivimos en un mundo muy lejos de el que Dios el Creador originalmente creo. Los resultados destructivos se ven cada día. Puede ser incluso que ustedes experimentan la presencia de la maldad como algo cotidiano. Puede ser que sea en sus trabajos donde la ética y la moral no están por ningún lado. Siempre se siente una nube oscura que se cierne sobre el entorno de sus trabajos.

Puede ser que sea con su cónyuge que es adicto a la

pornografía, o las drogas o el alcohol. Sus efectos destructivos se ven claramente. Puede ser con sus hijos que son extremadamente rebeldes con su falta de todo sentido de respeto a la autoridad que les está dañando a todos los de su alrededor, incluyendo el de ellos mismos. Cualquiera que sea el caso, no tenemos que mirar muy lejos. El mal está presente en nuestra sociedad.

Pero a pesar de que el mal se encuentra en nuestra vida diaria, este puede ser superado. Tenemos el poder para rechazar el mal en nuestra vida cotidiana así como de nuestra esfera de influencia. Es posible que la tarea parezca desalentadora. Pero la ventaja estará en enfrentarla y negarle lugar en nuestras vidas.

Sí, claro, va a ser un reto. Pero es posible conquistar el mal, y vamos a estar mejor por ello. Tenemos que tomar una pos-

---

"Tenemos el poder para rechazar el mal en nuestra vida cotidiana así como de nuestra esfera de influencia."

---

tura fuerte contra el mal. Hablaremos más sobre esto un poco después.

En éste capítulo me gustaría considerar a un hombre que se encontró en el tipo de escenario que hemos estado describiendo. El era un hombre cuyo corazón, alma, mente y cuerpo que fueron tomados por las fuerzas del mal. Había perdido todo sentido de la normalidad. Las fuerzas del mal se habían apoderado de su vida.

El fue dominado por la oscuridad, y se había convertido en una anomalía en la sociedad. Su apariencia y comportamiento hizo evidente que el hombre no estaba en todos sus sentidos. Había algo en ese hombre que era más allá de la comprensión humana. Este hombre es conocido como el endemoniado en las Escrituras.

Así que vamos a considerar su historia desde el Evangelio de Marcos. 1, Cruzaron el lago hasta llegar a la región de los Gerasenos. 2, Tan pronto como desembarcó Jesús, un hombre poseído por un espíritu maligno le salió al encuentro de entre los sepulcros. 3, Este hombre vivía en los sepulcros y ya nadie podía sujetarlo ni siquiera con cadenas. 4, Muchas veces lo habían atado con cadenas y grilletes pero él los destrozaba y nadie tenía fuerza para dominarlo. 5, Noche y día andaba por los sepulcros y por las colinas, gritando y golpeándose con piedras.

El Mal Lleva a la Gente a la Esclavitud

Pues bien, anteriormente mencioné que el mal está pre-

"El mal destruye, el mal arruina, el mal sostiene a la gente cautiva. No hay nada que desear del mal."

---

sente en nuestra sociedad, lo que conduce a la esclavitud de las personas. El mal lleva a la gente a la esclavitud, el mal esclaviza a las personas. El mal no es nuestro amigo. El mal destruye, el mal arruina, el mal sostiene a la gente cautiva. No hay nada que desear del mal.

Esto es evidente en la cuenta del endemoniado. Él era un preso del mal. El mal lo había dominado. El mal se había convertido en su cruel tirano. El mal había tomado el control de su vida y el resultado final fue destructivo. Echemos un vistazo más cerca.

El versículo 2 nos dice que él era un hombre con un espíritu inmundo. Más adelante en el versículo 9 se descubre que no solo era un espíritu inmundo pero muchos de ellos. El demonio era llamado legión.

Ahora bien, una legión del ejército romano que era conocido en los tiempos del Evangelio de Marcos, consistía de 5,000-6,000 hombres. Este nombre, legión sirvió como una descripción de la dominación terrible del hombre. Una cantidad enorme de espíritus inmundos lo habían hecho cautivo.

Los espíritus malignos se habían infiltrado en su vida. Habían impuesto su gran poder y autoridad sobre él. Era una demostración de cómo una legión romana impondría su gran poder y autoridad sobre otros. Su estado era desesperante porque todo el mundo sabía que era imposible derrotar a una legión.

El versículo 3 nos dice que el hombre hizo su morada entre los sepulcros. Él hizo su morada donde los muertos residían. Esto era muy apropiado ya que su estado espiritual era ilustrativo de su condición física. Él era un hombre muerto aunque vivía. Había perdido todo el sentido de la vida ya que no le pertenecía. Le pertenecía a la legión abrumadora del mal que se había apoderado de él.

La historia también nos dice que su estado le dio fuerza sobrenatural. Había roto los grilletes y cadenas que se habían utilizado para atarlo. No podía ser puesto bajo la sumisión. Él estaba más allá del control humano.

El versículo 4 menciona que él era un loco furioso. Nadie fue capaz de domarlo. Él era incontrolable. El versículo 5 lo representa en gran tormenta. Él lloraba día y noche. Estaba continuamente afligiéndose. ¡En pocas palabras, él era una amenaza para la sociedad, y la sociedad había renunciado a él!

El mal tenía a este hombre cautivo. El mal lo tenía en esclavitud. El hombre era digno de lástima. Fue robado de toda su dignidad que es el objetivo último de la maldad. El mal trata de corromper la semejanza de Dios en los seres humanos. El mal trata de destruir la imagen de Dios en nosotros. El mal nos ve como su enemigo ya que estamos modelados después de un Creador benévolo.

Y puesto que el mal no puede destruir a un Creador todopoderoso, el mal trata de destruir a la segunda mejor opción, los creados a Su imagen y semejanza. El mal había tomado cautivo al endemoniado. No lo iba soltar hasta que fuera completamente destruido.

Hace años se hizo una película titulada "El exorcismo de Emily Rose" basado en una historia real. La película retrata gráficamente los efectos de lo que parecía ser la posesión de

---

"El mal nos ve como su enemigo ya que estamos modelados después de un Creador benévolo."

Emily por varias fuerzas demoniacas. Sin embargo, es interesante notar las similitudes entre la historia de Emily y la cuenta del endemoniado.

Emily se representa en gran tormenta por fuerzas fuera de su control. Las entidades espirituales la tenían en gran servidumbre, y negaron su libertad. Parecían decididos a mantener el control sobre ella hasta que Emily llegó a la desesperación. Ella había perdido todo sentido de la autoestima y la dignidad. La situación parecía no tener esperanza. Con el tiempo murió de manera violenta a causa de las fuerzas del mal que le habían poseído.

Vamos a dejar esto en claro. Las Escrituras enseñan en varias ocasiones la existencia del mal. Las Escrituras declaran

claramente fuerzas demoniacas representadas por Satanás. Se oponen a Dios y su propósito. Tratan de dañar y destruir todo lo que es querido por Dios.

Los seres humanos están en el centro de su ataque ya que estamos creados a imagen y semejanza de Dios. Las fuerzas del mal están seguros de que no pueden poner ni un dedo en Dios. Así que van después del orgullo, de la corona y la alegría de Dios. Van después de nosotros, los seres humanos.

A pesar de que no entendemos completamente este conflicto de Dios y de Satanás, el conflicto del bien y del mal, no hay que descartarlo. Si vamos a cumplir con la Palabra de Dios, si vamos a cumplir con las Escrituras, vamos a tener que cumplir con todas sus enseñanzas aunque su comprensión va más allá de nuestros sentidos humanos. Al igual que no podemos ver el viento pero podemos ver sus efectos, no podemos ver en el reino espiritual del mal, de Satanás pero podemos ver sus resultados destructivos.

Cualquier cosa que destruye nuestra dignidad y valor es el mal. Cualquier cosa que nos mantiene en la esclavitud y nos despoja de nuestra dignidad humana es el mal. El mal es contrario a la buena voluntad de Dios para nosotros.

El mal nos lleva a la esclavitud. El mal se hace cargo de nuestra vida a medida que ya no estamos en control, y no lo podemos explicar. Una fuerza más grande que nosotros se ha hecho cargo, y nos encontramos subyugados.

Sucedió con el endemoniado, había perdido sus sentidos a fuerzas que estaban más allá de su control. Fue vencido por las fuerzas del mal que lo estaban destruyendo. Sin duda, el mal lleva a la gente a la esclavitud.

Así que ahora hagamos la pregunta, ¿hay algo o alguien que los mantiene en la esclavitud? Ahora, estoy definiendo la esclavitud como todo lo que es contrario a la buena voluntad de Dios para nosotros. Y el mal se puede sentir aunque no se pueda explicar.

¿Hay algo o alguien que está corrompiendo su valor, su importancia, su dignidad como persona creada a imagen del Dios todopoderoso? ¿Hay algo o alguien que los deja sentir impotente, sin esperanza, como si ustedes están siendo dominados y ya no están en control?

Podría ser algún tipo de adicción, el sexo, las drogas, los juegos de azar. Puede que sea con la participación de una secta, una organización religiosa que ha asumido la responsabilidad de tomar cada decisión por usted. Podría ser una relación en la

---

"El creyente fue redimido por la sangre de Cristo, y fue sellado por el Espíritu Santo que garantizan la protección del creyente."

---

que su valor se está destruyendo. La voluntad de la otra persona se está imponiendo sobre la suya. Incluso, podría ser algo tan claro como la experiencia del endemoniado.

Permítanme una pausa en este momento para establecer un punto muy claro. Las personas que han experimentado el nuevo nacimiento en el Señor Jesús no pueden ser poseídos por el mal porque el Espíritu Santo reside en ellos. Están sellados por el Espíritu Santo. Es decir, hay una protección divina que se esta cumpliendo de acuerdo con el sello del Espíritu Santo. El creyente fue redimido por la sangre de Cristo, y fue sellado por el Espíritu Santo que garantizan la protección del creyente.

En esta base sólida los creyentes en el Señor Jesús están protegidos. Pero también es importante que nos demos cuenta de que el ataque del reino del mal seguirá lanzando intrigas para tratar de oprimirnos. El reino del mal continuará sus ataques para tratar de desanimarnos, molestarnos, desviarnos y oprimirnos hasta el punto que queremos tirar la toalla sobre el ring de la vida; pues no hay razones lógicas, razones humanas que puedan explicar lo que esta sucediendo.

¿Hay algo que los mantiene en la esclavitud? El mal lleva a la gente a la esclavitud. El mal es contrario a la buena voluntad de Dios para los que son creados a Su imagen y semejanza. Es decir, para los seres humanos y mucho mas los creyentes en el Señor Jesucristo.

Entonces, ¿cuál es la solución si se encuentran en una situación como tal? ¿Cuál es la solución para superar el mal? ¿Cómo podemos romper con el mal cuando nos tiene en grilletes, y se niega a dejarnos ir? Sigamos leyendo en el versículo 6: Cuando el hombre vio a Jesús desde lejos, corrió y se postró delante de él. 7, "¿Por qué te entrometes, Jesús, Hijo del Dios Altísimo?" gritó con fuerza. "¡Te ruego por Dios que no me atormentes!"

Por favor tomen en cuenta que la legión que estaba controlando al hombre no deseaba la presencia del Señor Jesús. La legión sabía que alguien con mayor autoridad y poder había llegado. La legión reconoció quien era el Señor Jesús. El Señor Jesús era el que poseía el poder y la autoridad de atormentar la legión de manera que ellos atormentaban al endemoniado.

Irónicamente, por favor observen que el espíritu maligno le pidió misericordia, le suplicó al Señor Jesús que no lo atormentara aunque él atormentaba al endemoniado. El espíritu maligno estaba pidiendo misericordia aunque él no tuvo misericordia hacia el hombre que había cautivado. El mal es cobarde cuando se enfrenta con alguien con mayor autoridad y poder.

Seguimos con nuestra historia, versículo 8, Es que Jesús le había dicho: "¡Sal de este hombre, espíritu maligno!" 9, "¿Cómo te llamas?" le preguntó Jesús. "Me llamo Legión," respondió, "porque somos muchos." 10, Y con insistencia le suplicaba a Jesús que no los expulsara de aquella región. 11, Como en una colina estaba paciendo una manada de muchos cerdos, los demonios le rogaron a Jesús: 12, "Mándanos a los cerdos; déjanos entrar en ellos." 13, Así que, él les dio permiso.

Ahora, por favor observen que el Señor Jesús le dio permiso a la legión. La legión no podía superar la autoridad y el poder del Señor Jesús. No podía hacer nada a menos que el Señor Jesús le diera permiso. No podía moverse a menos que el Señor

---

"El poder y la autoridad del Señor Jesucristo son incomparables. Él tiene autoridad absoluta sobre todo, incluyendo la maldad."

Jesús, quien es Dios en carne propia, la segunda persona del Dios trino le diera permiso. El poder y la autoridad del Señor Jesucristo son incomparables. Él tiene autoridad absoluta sobre todo, incluyendo la maldad.

13, Cuando los espíritus malignos salieron del hombre, entraron en los cerdos, que eran unos dos mil y la manada se precipitó al lago por el precipicio y allí se ahogó. 14, Los que cuidaban los cerdos salieron huyendo y dieron la noticia en el pueblo y por los campos, y la gente fue a ver lo que había pasado. 15, Llegaron a donde estaba Jesús, y cuando vieron al que había estado poseído por la legión de demonios, sentado, vestido y en su sano juicio, tuvieron miedo. 16, Los que habían presenciado estos hechos le contaron a la gente lo que había sucedido con el endemoniado y con los cerdos. 17, Entonces la gente comenzó a suplicarle a Jesús que se fuera de la región.

La Autoridad de Dios a través de Jesucristo es Capaz de Superar el Mal

Ahora, la autoridad de Dios amigos, a través de Jesucristo es capaz de superar el mal al cual es evidente a través de la historia del endemoniado. Dios tiene el poder y la autoridad para derrotar el mal. Y lo hace por medio del Señor Jesucristo.

Dios manifestó Su gloria, Su majestad, Su poder, Su autoridad en la persona de Su Hijo unigénito, el Señor Jesús. Así que Él tiene la capacidad, Él tiene el poder, el Señor Jesús tiene la

---

"El mal es contrario a la buena voluntad del Señor para nosotros como seres humanos."

---

autoridad para conquistar, para dominar, para destruir el mal. Y cuando el mal es derrotado, la gracia de Dios se manifiesta.

En la situación del endemoniado, Dios manifestó Su gracia a través del Señor Jesucristo. Fue a través de la persona del Señor Jesús que el endemoniado fue entregado del mal que lo venció. A consecuencia, el hombre se convirtió a un retrato de la gracia de Dios que es lo que la gracia hace. La gracia de Dios ayuda a las personas superar lo que pueda conllevar. En el caso del endemoniado era la liberación del mal.

¿Hay algo que los mantiene en la esclavitud? El mal lleva a la gente a la esclavitud. El mal es contrario a la buena voluntad de Dios para los que son creados a Su imagen y semejanza. El mal es contrario a la buena voluntad del Señor para nosotros como seres humanos. Aun mas claro, el mal es contrario para nosotros como creyentes.

La autoridad de Dios a través del Señor Jesús es capaz de superar el mal. Esto amigos es el principio teológico que debemos comprender. Esta es la lección del pasaje que debemos recibir. La autoridad de Dios a través del Señor Jesús es capaz de superar el mal. Cuando esto ocurre, Su gracia se manifiesta.

El favor inmerecido de Dios, es decir Su gracia es evidente, se manifiesta cuando Su autoridad vence al mal. La gracia de Dios libera de la esclavitud y lo convierte a uno a un retrato de Su gracia. La gracia del Señor mejora la situación de uno. En esta ocasión, la gracia de Dios se mostro a través de Su autoridad por medio de Jesucristo cuando venció al mal, cuando el Señor Jesús liberó al endemoniado del espíritu maligno, de la legión de demonios.

Esto me recuerda del cuento infantil "La Cenicienta". Ustedes conocen la historia. Ella estaba en la esclavitud de su malvada madrastra y sus hermanastras, hasta que un día alguien con mayor autoridad entró y cruzó su camino. Su dulce príncipe había llegado. Puso ese zapato brillante en su pie y fue un ajuste. Ella fue puesta en libertad a causa de su príncipe. Ella fue liberada de la esclavitud y la tiranía de su malvada madrastra y sus hermanastras cuando el príncipe había llegado. Su vida fue al instante y de manera significativa mejor debido al príncipe cortés con mayor autoridad.

Escuchen queridos amigos, el Señor Jesús es el Príncipe cortés que esta lleno de gracia. Él tiene mayor autoridad sobre el mal. Su gracia tiene la capacidad de cambiar nuestra situación para mejor como lo hizo con el endemoniado. La autoridad de Dios a través de Jesucristo es capaz de superar el mal. Cuando esto ocurre a una persona está mejor debido a ella.

AFÉRRENSE DEL SEÑOR JESÚS

Si es que el mal ha fijado su residencia en sus vidas, si se encuentran en la esclavitud el día de hoy y su valor se está disminuyendo, aférrense del Señor Jesús. Aférrense del Señor Jesús ya que Él es capaz de liberarlos. Él tiene la autoridad para quitarles los grilletes que los tienen encadenados. Permítanme explicarles lo que quiero decir.

Se trata de un compromiso de su parte a la autoridad de la Palabra de Dios como el principio rector de sus vidas. Van a tener que decir que sí a las Escrituras como su visión del mundo. La Biblia tendrá que ser la red por lo que tamizan la vida. Eso es lo que quiero decir cuando les insisto a que se aferren del Señor Jesús. Es un compromiso de su parte de vivir bajo la autoridad de las enseñanzas de las Escrituras.

"Aférrense del Señor Jesús ya que Él es capaz de liberarlos."

Pues bien, vamos a centrarnos en un escenario de la vida en lo que esto se puede desarrollar. Me gustaría centrarme en los hombres. Hombres, la próxima vez que sus amigos los inviten a ir al club de desnudos tendrán que decir que no. Van a tener que decir que no. Es así de sencillo pero igual de difícil puesto que el mal no se apagará sin luchar.

Si vamos a ver la autoridad de Dios obrar en nuestra vida de una manera liberadora, hombres, vamos a tener que someternos a las enseñanzas de las Escrituras. Las Escrituras tienen un alto concepto de la moralidad. Por lo que ir al club de desnudos, estaríamos negando la autoridad de Dios de comenzar a liberarnos de decisiones destructivas que nos tienen en grilletes.

La decisión de ir al club de desnudos estará negando la

autoridad y el poder de las Escrituras de liberarnos de las garras de la maldad. Nunca seremos todo lo que Dios nos creó ser y Cristo nos redimió a ser si no permanecemos del Señor Jesús. Nuestra dependencia del Señor se muestra cuando nos sometemos a las Escrituras.

Por favor escuchen con atención amigos: No dejen que las voces del mal les digan que la Palabra de Dios los esclaviza. No permitan que las voces del mal les convenza que las Escrituras los enlazarán. No permitan que las voces del mal confunda sus pensamientos que la Biblia pondrá un yugo pesado sobre ustedes, y los mantendrá cautivos.

Por el contrario, ¡la Palabra de Dios es liberadora! ¡ Las Escrituras son redentoras! ¡La Biblia nos pone en libertad! ¡Es

---

"Aférrense del Señor Jesús, teniendo una forma de pensar que está comprometida a las Escrituras como su estilo de vida."

---

el mal que nos esclaviza! ¡Es el mal que nos deja sin esperanza! ¡Es el mal que nos roba de nuestro valor, nuestra importancia y nuestra dignidad!

Pero también quisiera decir que a veces el mal nos tiene tan abrumados que necesitamos ayuda para ser libres. Así que ábranse a alguien de confianza que comparte los mismos valores. A veces las garras de la maldad son tan poderosas que necesitamos a otras personas maduras, personas que están ancladas en el evangelio del Señor Jesús, personas que viven de acuerdo con las Escrituras para que nos ayuden a retirar. No estamos solos como el mal quiere que pensemos. Aférrense del Señor Jesús, teniendo una forma de pensar que está comprometida a las Escrituras como su estilo de vida.

Pueden Anticipar la Liberación del Mal

Así que cuando empiecen a aferrarse del Señor Jesús y lo demuestren viviendo de acuerdo con las enseñanzas de las Escrituras, ¿qué se pueden esperar? ¿Qué se pueden anticipar a medida que se comprometen al Señor y lo demuestren sometiéndose a la autoridad de Su Palabra? Vamos a terminar la historia.

18, Mientras subía Jesús a la barca, el que había estado endemoniado le rogaba que le permitiera acompañarlo. 19, Jesús no se lo permitió, sino que le dijo: "Vete a tu casa, a los de tu familia, y diles todo lo que el Señor ha hecho por ti y cómo te ha tenido compasión." 20, Así que el hombre se fue y se puso a proclamar en Decápolis lo mucho que Jesús había hecho por él. Y toda la gente se quedó asombrada.

¿Qué se pueden anticipar a medida que se aferran del Señor Jesús a través de las Escrituras? Pueden anticipar la liberación del mal porque la autoridad de las Escrituras es la nueva residencia en sus vidas. Eso es lo que vemos con el endemoniado, ¿qué no es así? La historia del endemoniado no terminó como empezó. Terminó de manera diferente. El Señor Jesús fue la clave. El endemoniado se aferró del Señor Jesús y de la autoridad de Su palabra, y fue liberado de la legión de demonios.

Pueden anticipar la liberación del mal porque ahora están comprometidos a vivir desde un punto de vista bíblico lo que significa que el mal ha comenzado a perder su control en sus vidas. Van a comenzar a experimentar una sensación de liberación del mal, y van a ver los buenos resultados. Pueden anticipar la liberación del mal a medida que comienzan a aferrarse del Señor Jesús, teniendo la Biblia como base para sus vidas.

Si la pornografía les ha esclavizado, pueden experimentar

la libertad a medida que se aferran del Señor Jesús. Si la drogadicción les ha cautivado, la libertad está a su alcance ya que se están aferrando del Señor Jesús. Si una organización religiosa los tiene en grilletes, la libertad será suyas a medida que se aferran del Señor Jesús. Lo que sea la situación ustedes pueden experimentar la libertad que Cristo murió para darles una vez que comiencen a aferrarse de Él, sometiéndose a la autoridad de Su Palabra.

Conclusión

Puedo recordar un momento en que caí enfermo con una infección respiratoria. Si no hubiera sido por mi médico que tenía la autoridad para prescribir la receta adecuada, mi enfermedad hubiera sido prolongada. Y cualquier sensación de alivio hubiera sido retrasada.

Escuchen queridos amigos, el Señor Jesucristo es el médico conclusivo. Él posee todo el poder y la autoridad. Con Él prescribiendo la receta adecuada, es decir, Su gracia, Su poder y Su autoridad, ustedes no tienen que retrasar su liberación del mal. No tienen que prolongar su alivio. No tienen que demorar su liberación de las garras del mal.

Pueden ser puestos en libertad una vez que se aferren del Señor Jesús, cediendo a la autoridad de Su Palabra. Cuando hagan esto empezaran el proceso de ser un retrato de la gracia del Señor. Podrán proclamar todo lo que el Señor ha hecho por ustedes y como les ha tenido compasión, dejando a la gente asombrada.

Capítulo 5

La Mujer Desagradable:
De Pecadora a Piadosa

Lucas 7:36-50

CONDUCTA VERGONZOSA LLEVA A CULPA ENFERMIZA

EMA ERA UNA joven profesional de 25 años de edad. Era vibrante, inteligente, atractiva, llena de vida y estaba desarrollando una buena reputación en el ambiente de negocios. Todo el esfuerzo que había invertido en sus estudios universitarios, así como la diligente ética de trabajo que había desarrollado a través de los años, finalmente empezaba a dar frutos. La vida era buena para Ema, hasta que se envolvió en una relación que la llevo a un oscuro y vergonzoso sendero.

Empezó a poner en duda su integridad, lo cual se oponía a

sus fuertes valores morales. Permitió ser abusada, lo cual iba en contra de su fuerte sentido de identidad. Se empezó a aislar, lo cual era extremadamente raro para ser una persona tan desenvuelta. Había perdido su compás moral con respecto a lo que era bueno o malo.

Después de años de luchar con este vínculo enfermizo que ella había formado, todo vino a un alto para Ema. Se sintió abrumada por un sentido de vergüenza y arrepentimiento debido al sendero que había tomado. La vergüenza y el lamento que estaba experimentando la llevo finalmente a sentir una culpa enfermiza, conceptos que eran completamente desconocidos para ella; la vergüenza, el lamento, la culpa.

Su conducta vergonzosa la llevo a una conciencia llena de

"¡Seamos realistas! Conducta vergonzosa lleva a culpa enfermiza. A menos que hayamos sido desensibilizados."

---

culpa, y no pudo soportar más. Se deprimió, y se encontró en un hoyo emocional oscuro que la tenía en grilletes. Aun todo esto ocurrió a causa del camino que ella había tomado con respecto a la relación enfermiza que recibió.

¡Seamos realistas! Conducta vergonzosa lleva a culpa enfermiza. A menos que hayamos sido desensibilizados. A menos que estemos entumidos a cualquier sentido de lo correcto o incorrecto. Conducta vergonzosa lleva a culpa enfermiza.

Suponiendo que nuestra conciencia aun este en sintonía con nuestro compás moral, conducta vergonzosa lleva a culpa enfermiza. ¡Y todos hemos estado ahí! Todos hemos hecho tonterías en nuestras vidas. Todos hemos hecho cosas de las cuales nos arrepentimos. Todos hemos metido la pata actuando como tontos. Si somos honestos, todos nosotros alguna vez nos hemos comportado en una manera que estaba fuera de sincronía con las enseñanzas de las Escrituras y el diseño de nuestro Creador.

Puede haber sido una relación que tuvimos que nos dejó en completo desorden, como a Ema. Pueden haber sido cuestiones de integridad en el trabajo lo cual arruinó nuestra reputación. Puede haber sido una temporada matrimonial estresante donde ni usted ni su cónyuge manejaron la situación de la mejor manera.

Cualquiera que haya sido el caso, todos nosotros en una ocasión u otra hemos tomado decisiones muy tontas. Hemos hecho cosas que lamentamos. Hemos dicho palabras que no debíamos haber dicho. Actuamos como tontos e inevitablemente nuestra conducta vergonzosa nos llevó a culpa enfermiza. Desafortunadamente ese sentido de culpa dañina nos conllevó a una espiral descendente, como muchas noches de insomnio, como dolores de cabeza innecesarios, como baja autoestima y como un aislamiento intencional de la sociedad.

Yo sé que yo caigo en esta categoría. Antes de recibir la salvación del Señor Jesús, tuve mi cuota de momentos vergonzosos. Hoy en día aunque sea cristiano ha habido ocasiones que no he reflejado valores cristianos en la mejor forma posible. No estoy orgulloso de ninguno de los dos escenarios, ni tampoco estoy dando excusas. Aun soy un hombre imperfecto con muchas fallas con una desesperante necesidad de un Salvador perfecto, el Señor Jesucristo.

Así que seamos honestos, y hagamos algo importante en nosotros. Digamos la verdad, traigamos nuestras fallas a la luz, y avergoncemos al diablo. Busquemos ser genuinos y permitir la luz de Cristo brillar en esas áreas oscuras de nuestras vidas que necesitan ser limpiadas. Todos hemos estado ahí. Ustedes saben, ese solitario y vergonzoso lugar. Todos hemos hecho cosas muy tontas, y desafortunadamente nuestra conducta vergonzosa nos llevó a una culpa enfermiza.

A pesar de la conducta vergonzosa que tanto nos pueda estar pesando, hay esperanza en tiempos como esos. Es posible salir mejor en lugar de amargado a pesar de esos momentos miserables. Quédense conmigo, hablaremos de esto más en detalle un poco después.

En este capítulo, me gustaría que consideremos a una mujer que encapsula el sentido de la abrumadora vergüenza que hemos estado considerando. El enorme sentido de culpa en-

---

"Así que seamos honestos, y hagamos algo importante en nosotros. Digamos la verdad, traigamos nuestras fallas a la luz, y avergoncemos al diablo."

---

fermiza que experimentaba a causa de su conducta vergonzosa era simplemente mucho que cargar. La estaba consumiendo. Había llegado al fondo de su ser, y ya no lo podía soportar.

En el Evangelio de Lucas, capítulo 7 se nos presenta la historia de una mujer desagradable en los versículos 36-50. Leámoslos: 36, Uno de los fariseos invitó a Jesús a comer, así que fue a la casa del fariseo y se sentó a la mesa. 37, Ahora bien, vivía en aquel pueblo una mujer que tenía fama de pecadora. Cuando ella se enteró de que Jesús estaba comiendo en casa del fariseo, se presentó con un frasco de alabastro lleno de perfume.

38, Llorando, se arrojó a los pies de Jesús, de manera que se los bañaba en lágrimas. Luego se los secó con los cabellos; también se los besaba y se los ungía con el perfume. 39, Al ver esto, el fariseo que lo había invitado dijo para sí: "Si este hombre fuera profeta, que es imposible que sea," que es el matiz del texto "el sabría quién es la que lo está tocando, y qué clase de mujer es: una pecadora."

Hagamos una pausa aquí. Permítanme indicar que el Señor Jesús pone a descansar las dudas de Simón acerca de que si el Señor Jesús en realidad era un profeta de Dios. El Señor Jesús era capaz de discernir los pensamientos silenciosos de este fariseo. Solamente el Dios Todopoderoso tiene esa característica. Solamente el Dios del universo posee la omnisciencia. Esta cualidad se le atribuye al Señor Jesús lo cual nos da a conocer que el Señor Jesús tiene atributos de deidad. Es decir, el Señor Jesús es Dios en carne propia.

40, Entonces Jesús le dijo a manera de respuesta:, "Simón, tengo algo que decirte." "Dime, Maestro," respondió. 41, "Dos hombres le debían dinero a cierto prestamista. Uno le debía quinientas monedas de plata, y el otro cincuenta. 42, Como no tenían con qué pagarle, les perdonó la deuda a los dos. Ahora bien, ¿cuál de los dos lo amará más?" 43, "Supongo que aquel a quien más le perdonó," contestó Simón. "Has juzgado bien," le dijo Jesús.

44, Luego Jesús volvió hacia la mujer y le dijo a Simón: "¿Ves a esta mujer, Simón? Cuando entré en tu casa, no me diste agua para los pies, pero ella me ha bañado los pies en lágrimas y me los ha secado con sus cabellos. 45, Tú no me besaste, Simón, pero ella, desde que entré, no ha dejado de besarme los pies." Que era la parte más humilde del cuerpo al cual también era una expresión de la humildad de esta mujer. 46, "Tú no me ungiste la cabeza con aceite Simón, pero ella me ungió los pies con perfume."

Culpa Enfermiza Impide Nuestra
Transformación en Cristo

Ahora, mencioné antes que una conducta vergonzosa lleva a culpa enfermiza. Y culpa enfermiza impide la transformación de Dios. Nunca seremos todo lo que Dios planeó que fuéramos y para lo que Cristo nos redimió cuando una culpa enfermiza se le permite quedarse y superar. Consumirá cada fibra de nuestro ser, y nos dejará con un sentido de desesperación. Nos dejará sin esperanza como lo hizo con la mujer desagradable.

También sigo enfatizando la culpa enfermiza pues es lo opuesto de una culpa saludable. Una culpa saludable servirá como motivador, señalándonos a la cruz de Cristo cuando he-

---

"Una culpa saludable servirá como motivador, señalándonos a la cruz de Cristo cuando hemos cruzado hacia el reino de iniquidad."

---

mos cruzado hacia el reino de iniquidad. Lo pueden llamar convicción de Dios si así lo prefieren, el Espíritu Santo hablando a nuestra conciencia. No obstante, su propósito, el propósito de la culpa saludable, la convicción de Dios si prefieren, es llevarnos de regreso a la cruz y a vivir como el Señor Jesús, a vivir de acuerdo a las enseñanzas de las Escrituras.

En contraste, culpa enfermiza impide la transformación de Dios. Culpa enfermiza impide la transformación de Dios en nuestras vidas. Permítanme mostrar lo que quiero decir. Consideremos a la mujer desagradable otra vez.

Por favor observen que en los versículos 37 y 39 la mujer es identificada como pecadora. El Señor Jesucristo aun confirma esta percepción en los versículos 47 y 48, haciendo claro que ella no solo era pecadora sino una gran pecadora pues sus pecados eran muchos.

Ahora, consideremos la palabra "pecadora" por un momento. Un "pecador" o en este caso una "pecadora" en los Evangelios era alguien que se oponía a Dios, o alguien que estaba fuera del círculo religioso elitista de los Fariseos y Saduceos. Esta pobre mujer no era parte de esa clase religiosa elitista. Ella estaba fuera de esa clase y estaba marcada como tal. Era notoria por ser una pecadora. Tenía una reputación desagradable. Aun así, es interesante ver que el Señor Jesús contrasta y alaba las acciones de esta mujer desagradable a las de Simón el fariseo quien era parte de los religiosos elitistas, el estándar religioso a seguir según ellos mismos.

Así que tenemos a esta mujer pecadora quien era probablemente una prostituta aunque no se da la naturaleza exacta de su pecado. Por lo menos, era una mujer con una reputación desagradable como lo aclara Simón el Fariseo en el versículo 39. Por favor observen, "Este hombre Jesús, si fuera profeta, si hablara por el Santísimo de Israel, pero por lo que hace, es imposible, Él sabría quién y qué tipo de mujer lo está tocando. Es una pecadora. Y el Altísimo de Israel, Jehová no tiene contacto con ese tipo de persona", lo que era el pensamiento tradicional del día para un religioso elitista. En los ojos de Simón el fariseo, ella era considerada inmunda. ¡Ella era indeseable, y no merecía atención o misericordia!

Aparentemente esta mujer era despreciada por la sociedad. No era la figura perfecta de moralidad o fama, y lo que hizo a continuación empeoró las cosas. Se soltó el cabello en público, y lo usó para limpiarle los pies al Señor Jesús como lo indican los versículos 38 y 44. Ahora si están pensando, "¿Cuál es el problema, Joe? Se soltó el cabello." Permítanme explicar el significado de esta acción.

Era culturalmente reprobable para una mujer el soltarse el cabello en público. Sería como si una mujer hoy en día se pusiera un brasier de bikini para asistir a un banquete de pastores que era el escenario similar al de la casa de Simón. Ella también besó los pies del Señor Jesús repetidamente, como lo dan a conocer los versículos 38 y 45. Esta expresión de intimidad era vergonzosa en la cultura Judía. Sería como si la mujer con el brasier de bikini se le acercara coqueteando al pastor que se estaba honrando en el banquete de pastores, en este caso el Señor Jesús. Es como si se le estuviera ofreciendo al Señor Jesús.

Así que esta mujer intensificó el momento violando todas las normas sociales y culturales aceptables. Como lo fue en ambas culturas, Judía y Greco-Romana que son las culturas de este evento, las mujeres eran percibidas como responsables de la mayoría si no de todos los pecados, especialmente los de tipo sexual. Así que la tensión se tornó extremadamente incómoda. El aire se hubiera podido cortar con un cuchillo.

Aún hay una pregunta que ruega ser respondida. ¿Que lleva a alguien a comportarse de esta manera, especialmente alguien que ya tiene una reputación vergonzosa? ¿Qué motiva a una persona, como esta mujer a ponerse en una posición tan incómoda?

Les voy a sugerir que fue porque ella había experimentado un alivio de su carga de conciencia. Era que sentía un alivio de la culpa que la había abrumado. Les diré luego porque estoy diciendo esto. Pero enfoquémonos aún más en este aspecto de culpa. ¿Cuáles serán algunas razones que prevengan que una persona enfrente una culpa enfermiza? ¿Cuáles pueden ser algunos obstáculos que mantengan a una persona en un ciclo de culpa enfermiza?

¿Podrá ser que algunas personas no tienen la habilidad necesaria para enfrentar los problemas relacionadas con la culpa? Tal vez no sepan cómo resolver el rompecabezas de la culpa enfermiza. Quizá no sepan ni cómo llamarla, mucho menos como llegar al fondo del asunto.

Tal vez esta culpa insana no se controla por orgullo. La idea de tener que admitir que yo pueda tener problemas es un insulto, 'Después de todo, no soy perfecto, pero ellos son los del problema, ciertamente no soy yo.'

¿Y qué del temor? Puede ser temor de lo que se descubrirá. Al ir a lo profundo, lo que puede ser abrumador hasta el grado de que la persona no quiera empezar el proceso. Prefieren permanecer estancados. Prefieren permanecer en ese ciclo de

---

"La idea de tener que admitir que yo pueda tener problemas es un insulto, 'Después de todo, no soy perfecto, pero ellos son los del problema, ciertamente no soy yo.'"

---

culpa enfermiza porque empezar el proceso de sanidad puede ser muy doloroso.

Pero hagamos una pregunta de diagnóstico final. Pienso que estamos al fondo del porqué la culpa insana se desenfrena hasta impedir la transformación. ¿Puede ser un sentido de indignidad? Ya saben, los pensamientos de indignidad o falta de valor propio. El rechazo propio porque no nos gusta cómo somos. El también estar convencidos que otros sienten lo mismo acerca de nosotros ¿Podrá esto estar al fondo del porqué rechazamos tratar con nuestra culpa enfermiza?

Después de todo, si la gente supiera la cantidad de problemas que estoy cargando, no se acercarían ni mucho menos me tocarían. Desafortunadamente, ¿saben cuál es la triste realidad? Cuando vivimos pensando que no tenemos valor y que no somos dignos, y esta opinión continúa por un largo periodo, terminamos creyendo que es cierto. Creemos una mentira por tanto tiempo que se convierte en nuestra norma.

El enemigo de nuestra alma, Satanás nos tiene convencidos de su programa destructivo lo que es característico de su naturaleza. Por esa razón es llamado en las Escrituras, "El Destructor". Cuando creemos su plan destructor nos estancamos. Tenemos un progreso limitado, si es que hay alguno. Y el proceso de transformación de Dios se impide.

Tristemente, este patrón puede continuar por años, impidiendo el crecimiento espiritual en nuestras vidas. La culpa enfermiza nos aleja de todo lo que Dios ha planeado que seamos, como lo era en el caso de la mujer desagradable. Ella era un desastre emocional y probablemente también psicológico, lo cual era evidente por su exhibición descarada y las muchas veces que su condición pecadora fue confirmada.

Ahora permítanme hacerles algunas preguntas. ¿Existe culpa enfermiza un sus vidas que los tiene cautivos? ¿Han rechazado la idea de enfrentar culpa enfermiza, y ahora se encuentran estancados? Puede ser a causa de prácticas de negocios poco éticas. Quizás es el resultado de tener una relación que no deberían haber tenido. Puede ser el resultado de ser víctima de abuso. Puede ser debido a algún tipo de adicción. Quizá fue el resultado de un fracaso matrimonial o hijos descarriados. Puede ser la idea de no ser capaz de mantenerse al paso de la última moda cultural.

Están cansados, están agobiados, no recuerdan la última vez que durmieron bien. Sencillamente, ya no son lo mismo. Han perdido su sentido de propósito. Han perdido su confianza y aún dirección. Pero para hacerlo mas claro, se sienten como que si no pudieran salir adelante.

Nuestra culpa enfermiza impide nuestra transformación en Cristo. Nuestra culpa enfermiza nos aleja de todo para lo cual Dios nos creó y para lo cual Cristo nos redimió. ¿Tienen una culpa enfermiza en sus vidas a la cual le han permitido tenerlos cautivos? Si esto los describe, les tengo buenas noticias. ¿Están listos para recibir buenas noticias? Seguimos con nuestra historia.

EL PERDÓN DE DIOS ABRE EL PASO A LA TRANSFORMACIÓN

Versículo 47, "Por esto te digo Simón: si ella ha amado

"¿Tienen una culpa enfermiza en sus vidas
a la cual le han permitido tenerlos cautivos?"

---

mucho, es que sus muchos pecados le han sido perdonados." Ahora, ya había ocurrido un encuentro previo entre el Señor Jesús y esta mujer, lo cual la gramática griega que es el matiz del texto lo da a conocer. El Espíritu Santo, a través de Lucas simplemente quería enfocar en el resultado final del perdón que se le brindó a la mujer antes de este encuentro.

47, "Sus pecados perdonados, que eran muchos, Simón, son la razón por la cual ella ama mucho, y su expresión de amor está aquí en frente de tus ojos. Pero, Simón, a quien poco se le perdona, poco ama." 48, Entonces le dijo Jesús a ella: "Tus pecados quedan perdonados." 49, Los otros invitados comenzaron a decir entre sí: "¿Quién es éste, que hasta perdona pecados?"

50, "Tu fe te ha salvado. Tu fe te ha liberado," le dijo Jesús a la mujer; "Vete en paz. Ya has sido liberada de tus pecados. No hay más culpabilidad querida mujer. No hay más vergüenza. Shalom, palabra hebrea que significa "paz". Ya has sido restaurada completamente, y el proceso de tu transformación en Dios ha comenzado en tu vida. Shalom: Es decir, paz, plenitud."

Estas son las buenas noticias querido amigos. Por favor no lo olviden. El perdón de Dios abre el paso a la transformación. Estas son las buenas noticias del pasaje. Este es el principio teológico a entender y aplicar. El perdón de Dios abre el paso a la transformación. Este principio es consistente con la manera que Dios actúa a través de las Escrituras. En el Evangelio de Lucas así como en el Nuevo Testamento vemos las huellas del perdón de Dios y Sus efectos fructíferos de transformación.

"El perdón de Dios abre el paso a la transformación.
Este principio es consistente con la manera
que Dios actúa a través de las Escrituras."

Lo vemos en los apóstoles Pedro y Pablo. Se ve en muchas mujeres a las cuales Cristo liberó en los Evangelios. Es evidente en Onésimo, quien era un esclavo sin valor, y vino a ser tan valioso como Pablo lo describe en el libro de Filemón porque fue perdonado.

El Antiguo Testamento también da crédito al perdón de Dios que es visto a través de la institución de un sistema sacrificial, que proveía a los israelitas liberación de la culpa. Los teólogos aun han clasificado este principio en el área de soteriología, el estudio de la salvación, el estudio de la liberación. Dios salva. Dios libera a través de Su don de perdón, el cual luego inicia el proceso de transformación ya que la culpa ya ha sido removida.

El perdón de Dios abre el paso a la transformación. Esta es la manera en la que Dios opera. Esta es la norma de Dios, es Su estándar. Estas son buenas noticias amigos. Hay esperanza para todos nosotros a pesar de toda la carga que pueda ser parte de nuestra historia ya que el perdón de Dios es accesible para todos.

El famoso psiquiatra Karl Menninger, una vez dijo que si pudiera convencer a sus pacientes en los hospitales psiquiátricos de que sus pecados eran perdonados, 75% de ellos (3 de 4) podrían ser dados de alta al siguiente día. Una conciencia llena de culpabilidad que aún no ha experimentado el impacto del perdón puede ser abrumadora. Influenciará destructivamente áreas en nuestras vidas sin que nos demos cuenta. Pero las buenas noticias son que el perdón de Dios abre el paso a la transformación. ¡Es posible cambiar las cosas!

Pero probablemente estarán pensando, "Sabes Joe, entiendo lo que dices, pero yo soy la excepción a este principio. Tú no tienes idea de las cosas que he hecho. No es posible que alguien pueda perdonar lo que yo he hecho. Además, esto es todo lo que me es familiar. Mis hábitos, mis patrones, mi estilo de vida ya está muy arraigada."

¿Saben? Así pensaba yo. "No es posible que alguien pueda perdonarme, especialmente que pueda ayudarme a cambiar mis hábitos destructivos." Pero estoy tan agradecido que no estaba tratando con una persona ordinaria. Estoy tan agradecido que estaba tratando con un Todopoderoso, Infinito Creador que no conoció límites cuando llego el momento de cubrirme con Su perdón, el cual preparó el camino para el proceso de transformación en mi vida.

Yo estoy aquí para decirles que el mismo Dios que perdonó y transformó a la mujer desagradable en nuestra historia, es el mismo Dios que me perdonó y me transformó a mí. Él es el mismo Dios que es capaz de hacer lo mismo para ustedes el día de hoy. Ustedes no son la excepción, queridos amigos. A pesar de lo que hayan hecho o lo que la gente pueda pensar de ustedes, no están fuera del alcance del inmerecido don de Dios que es el perdón, el cual abrirá el camino para su transformación.

RECIBAN EL PERDÓN DE DIOS

Eso queridos amigos es experimentar la gracia del Señor. El Señor concediendo lo que necesitamos para poder superar que es lo que la gracia hace. Nos ayuda a superar lo que pueda conllevar. Experimenten la gracia del Señor, y permitan que el perdón de Dios abra el paso a su transformación. Entonces si el perdón de Dios abre el paso a la transformación, los animo que

---

*"Todo está perdonado. Fue perdonado en
la cruz. Todo está bien. ¡Los amo! ¡Los amo!
Reciban el perdón de Dios, amigos."*

---

reciban el perdón de Dios. Reciban Su perdón ya que tiene el poder de transformar.

Hay una historia en España de un padre y su hijo que se distanciaron. El hijo se fue de la casa, y el padre fue a buscarlo. Lo busco por meses sin resultados. Finalmente en su desesperado esfuerzo por encontrarlo, el padre decidió poner un anuncio en el periódico de Madrid. El anuncio decía: "Querido Paco, reunámonos al frente de las oficinas de este periódico el sábado a las 8:00 de la mañana. Todo está perdonado. Todo está bien. ¡Te amo! Tu Padre."

El sábado a las 8:00 de la mañana en punto, Paco se presentó a recibir el perdón y el amor de su padre, y el padre entregó en gran manera.

Esto es lo mismo que su Padre celestial les está diciendo a ustedes amigos. Todo está perdonado. Fue perdonado en la cruz. Todo está bien. ¡Los amo! ¡Los amo! Reciban el perdón de Dios, amigos. Reciban Su perdón ya que tiene el poder de transformar.

"Bueno Joe. Digamos que así lo hago. Recibo el perdón de Dios porque de seguro necesito un cambio de vida. Entiendo que ya soy salvo. Estoy seguro que voy a ir al cielo al morir ya que he recibido al Señor Jesús como mi Salvador personal."

"Aun así, me he involucrado en prácticas que no son consistentes con los valores cristianos. Estoy cansado de sentirme agobiado. Estoy cansado de que las cosas no cambien de una manera positiva. Yo sé que debo hacer algo diferente ya que he visto poca transformación en mi vida. Así que seguiré tu consejo, recibiré el perdón de Dios pues tiene el poder de transformarme. ¿Pero cómo se ve prácticamente en mi vida? ¿Cómo hago esto?"

Bueno, pueden recibir el perdón de Dios confesando sus pecados de manera regular. Las Escrituras declaran en 1 Juan 1:9 que si confesamos nuestros pecados, es decir, que si estamos de acuerdo con el punto de vista del Señor sobre nuestras decisiones que no están en sintonía con Sus valores, Dios es fiel de perdonarnos y limpiarnos de toda maldad. Sean firmes sobre esta declaración. Reciban esta verdad. Como seguidores del Señor Jesucristo, ya han sido perdonados en el sentido que la ira de Dios ya no está sobre ustedes, pues recibieron al Señor Jesús como su Salvador personal a través de la fe en Él.

Sin embargo, puede haber pecado en sus vidas que ha afectado su compañerismo con Dios lo cual ha creado una culpa enfermiza. Pero de acuerdo con 1 Juan 1:9, confiesen sus pecados, y confíen que Dios es fiel para perdonar y limpiar de toda maldad. Una vez que hayan tomado este paso, han iniciado el proceso de transformación.

Podrán experimentar inmediatamente un sentido de liberación, es decir de alivio. O tal vez no. Ese sentido a la mejor será suyo con el tiempo. Pero pueden estar seguros de que su perdón ha ocurrido inmediatamente en el cielo debido a su confesión. La implicación es que si no hay confesión de sus partes, no hay perdón acerca su compañerismo con el Señor.

Pero cuando confiesan su pecados, el perdón ha ocurrido en el cielo, y deben caminar por fe en ese perdón. Si su mente los quiere llevar nuevamente a ese lugar solitario de culpabilidad, porque si lo hará, especialmente si este patrón ha estado en

---

"La implicación es que si no hay confesión de sus partes, no hay perdón acerca su compañerismo con el Señor."

---

lugar por algún tiempo, simplemente recuerden que el perdón ya ha ocurrido debido a su confesión.

Tomando este curso de acción empezará el proceso de transformación. Entre más toman este curso de acción, más verán los resultados positivos.

Este es un proceso continuo, es una disciplina continua. Es el proceso de la santificación, donde están siendo transformados más y más a la imagen de Cristo y lo que Él representa y valora. Reciban el perdón de Dios amigos, permaneciendo firme en Su Palabra conforme a la declaración de 1 Juan 1:9. Reciban Su perdón.

Experimentarán Los Beneficios de una Conciencia Libre de Culpa

Ahora, ¿qué se pueden esperar al recibir el perdón de Dios? ¿Qué pueden anticipar a medida que permanecen en Su perdón? Experimentaran los beneficios de una conciencia libre de culpa. Por ejemplo, todos esos síntomas que sienten cuando empiezan a pensar acerca de lo que hicieron que los abruma, como cuando se les hace un nudo en la garganta, o sienten la tensión en los hombros, o esa sensación desagradable en el estómago, todos esos síntomas irán desapareciendo conforme a su transformación en Dios. Será como si se les hubiera quitado un peso de encima.

¿Que otro beneficio pueden anticipar? Empezarán a ver el valor que tienen como una persona creada a la imagen de Dios. Tendrán un gran sentido de propósito que es el resultado de estar en Cristo. Estos son algunos beneficios de una conciencia libre de culpa.

El psicólogo, Abraham Maslow propuso una teoría de auto-actualización. Existen seis etapas en su pirámide, los cuales envuelven necesidades que todos tenemos como seres humanos. En la base de la pirámide están las necesidades fisiológicas: comida, agua, abrigo y oxígeno. Yo creo que es seguro asumir que todos nosotros tenemos seguridad en esta área. A menos que vivamos en un país en vías de desarrollo todas esas necesidades básicas están llenas hasta cierto punto.

Pero las necesidades continúan escalando la pirámide. Esas son las que pienso que debemos considerar. La necesidad de sentirse seguro, la necesidad de pertenecer, la necesidad de amor, la necesidad de ser estimados, apreciados y valorados. La necesidad de ser todo lo que Dios planeó que fuéramos.

Ahora que tienen una conciencia libre de culpa, empezarán a darse cuenta que Dios satisface todas esas necesidades. Su perspectiva de la vida mejorará. Su sentido de propósito en Cristo tendrá un enfoque mayor.

Su sentido de autoestima mejorará al saber que están creados a imagen y semejanza de un infinito y superior Creador. Empezarán a vivir su vida cristiana como Dios lo planeó. Experimentarán los beneficios de una conciencia libre de culpa.

CONCLUSIÓN

Nuestra amiga Ema finalmente tomó una decisión cuando se cansó de su situación. Estaba cansada de sentir toda la culpa a causa de la relación tóxica en la que se había envuelto. Así

"Experimentarán los beneficios
de una conciencia libre de culpa."

---

que finalmente termino la relación pero quedó muy lastimada.

Durante todo ese tiempo, una de sus colegas la había estado invitando a la iglesia. Ella no había aceptado hasta ese día porque sabía que estaba en una mala situación. Sin embargo, poco a poco Ema empezó a desarrollar un apetito por las cosas espirituales así como por la persona del Señor Jesús. Pasaron los meses y el interés de Ema seguía aumentando.

Finalmente, después de años de recibir la Palabra de Dios y desarrollar una relación con Cristo, Ema sintió el llamado de Dios a ser misionera. Llegó a ser una seguidora fiel del Señor Jesús. Pero si la hubieran visto años atrás, nunca se hubieran imaginado que ella llegaría a seguir al Señor Jesús. Hubieran dicho, "Ema tiene demasiados problemas en su vida", como la mujer desagradable en nuestra historia.

Sin embargo, a quien se le ha perdonado mucho ama mucho, como era en el caso de Ema. Como era en el caso de la mujer desagradable. Como también fue mi experiencia. Reciban el perdón de Dios. Reciban su perdón, y permitan que el proceso de transformación comience a mejorar sus vidas.

Capítulo 6

Zaqueo: De la Codicia a la Gratitud

Lucas 19:1-10

LA CODICIA DESTRUYE LAS VIDAS

El 12 de marzo de 2009, Bernie Madoff, un negociante de los Estados Unidos se declaró culpable de 11 delitos federales de fraude, y admitió que operaba lo que se ha llamado el mayor esquema Ponzi de la historia estadounidense y quizá de toda la historia. La fiscalía estima del tamaño de la estafa de Madoff fue más de $60 millones. Fue condenado a 150 años en una prisión federal con la restitución de $170 millones lo que era más del doble de la ganancia bruta de sus prácticas fraudulentas.

Ahora, durante el pico de sus prácticas fraudulentas,

Madoff había acumulado decenas de millones de dólares en bienes. Tenía casas de lujo en Nueva York y la Florida. Poseía más millones en inversiones, y su esposa Rut reclamó $80 millones en activos. Uno sólo puede especular sobre la causa raíz del esquema de Madoff.

Sin embargo, muchos profesionales sugirieron que se trataba de la codicia. Ellos atribuyeron su caída a un excesivo deseo de adquirir más de lo que necesitaba a costa de cualquier persona y de cualquier costo. Fue la codicia que lo arruinó. Perdió un hijo que se suicido. Perdió a su esposa de más de 50 años. Perdió cualquier oportunidad de desarrollar una relación con sus nietos. Perdió todo sentido de normalidad en su vida. Su excesivo deseo de acumular más de lo que necesitaba a toda costa y a expensas de cualquier persona lo destruyó. Destruyó a su familia. Y destruyó a los que defraudó.

Veamos, ¿cuál es el punto? La codicia destruye las vidas. Constantemente estamos oyendo acerca de los efectos destructivos de la codicia a través de las noticias. Estoy seguro que ustedes han experimentado resultados perjudiciales de la codicia de primera mano. Por desgracia, esto ha sido mi experiencia.

Durante años trabaje como mesero en restaurantes de lujo. Les puedo contar muchas historias sobre los resultados perjudiciales de la codicia que observé cuando trabajaba en esa industria. He visto a los meseros llegar a los golpes por clientes que daban buenas propinas. He observado las meseras comprometer su integridad a causa de mejores propinas.

Incluso, tuve una supervisora que me pedía consejo sobre un hombre muy rico que le doblaba su edad. Él estaba cerca de los 80 años, y ella sólo tenía 31. Él le pidió que fuera su "novia" lo que por supuesto incluía favores sexuales. Curiosamente, ella estaba considerando la oferta debido a la riqueza y los contactos que se obtendría con ese tipo de arreglo.

Aun más, Gordon Gecko, el personaje de la película Wall Street dijo que la codicia era buena. Sin embargo, estoy en total desacuerdo con el señor Gecko ya que la codicia no es buena. La codicia destruye las vidas. La codicia destruye a las personas.

Por cierto, el personaje de Gecko se basa libremente en Ivan Boesky. Ivan Boesky fue un corredor de bolsa estadounidense que destacó los aspectos positivos de la codicia en un discurso que pronunció en una universidad. Boesky argumentaba que la codicia tenía algunas buenas cualidades. Boesky estaba convencido de que la codicia tuvo aspectos positivos. Argumentó que la codicia era buena.

Curiosamente, fue condenado a 3 años y medio en una prisión federal por tráfico de información privilegiada. Fue

---

*"La codicia no es buena amigos. No parece
haber ningunas cualidades positivas en
la codicia dados los resultados que produce."*

---

multado con $100 millones con la prohibición permanente de trabajar en valores. Me imagino que Boesky cambio su historia acerca de la codicia después que lo encarcelaron por fraude.

La codicia no es buena amigos. No parece haber ningunas cualidades positivas en la codicia dados los resultados que produce. Los hombres ponen en peligro su integridad debido a la codicia. Las mujeres se prostituyen por el bien de la excesiva búsqueda financiera. Las familias están en ruinas debido a un deseo excesivo por adquirir más de lo necesario. Tengan por seguro la codicia destruye las vidas.

¿Y ustedes amigos? ¿En que punto esta su nivel de codicia?

¿Tienen un deseo desproporcionado de adquirir más de lo que realmente se necesitan a cualquier costo o gasto de cualquier persona? ¿Luchan con la codicia? Puede adoptar la forma de exceso de horas en su trabajo simplemente para acumular más de lo que realmente se necesita. Sin embargo, su familia paga el precio. Su cónyuge se siente constantemente descuidada, y sus hijos están empezando a mostrar signos de rebeldía.

Tal vez la avaricia con la cual ustedes podrían estar luchando toma la forma de las relaciones insalubres a expensas de su integridad. Desean los beneficios económicos que se derivan de la relación ilícita. O tal vez su avaricia se parece como una televisión en cada recamara cuando en realidad solo necesitan una o dos. O ropa de la ultima moda cada semana cuando en realidad tienen mas de lo suficiente. Desafortunadamente, cuan-

---

"No tienen que dejar que la codicia destruya
lo que es verdaderamente valioso en sus vidas."

---

do alguien se les acerca con una necesidad legítima descartan rápidamente su necesidad, y comienzan a planear su próxima aventura codiciosa.

¿Es la codicia su lucha? ¿Tiene la codicia control de su vida? Si esto los describe, necesitan darse cuenta de que la codicia destruye las vidas. Así que si este tema de la codicia que estamos considerando ha comenzado a relacionarse con ustedes, por favor quédense conmigo. Si su lucha es la avaricia, no se vayan muy lejos. Me gustaría ayudarles a revertir ese patrón. No tienen que dejar que la codicia destruya lo que es verdaderamente valioso en sus vidas. Estoy aquí para decirles que la codicia no vale la pena. La búsqueda de la riqueza de una manera excesiva es perjudicial. Les señalo una vez más a Bernie Madoff, a Ivan

Boesky y a Zaqueo, el hombre que vamos a considerar en este capítulo.

En Lucas 19:1-10, vemos la historia de Zaqueo, un hombre que nos da un ejemplo del tema a considerar, la codicia: 1, Jesús llegó a Jericó y comenzó a cruzar la ciudad. 2, Resulta que había allí un hombre llamado Zaqueo, jefe de los recaudadores de impuestos, que era muy rico. 3, Estaba tratando de ver quién era Jesús, pero la multitud se lo impedía, pues era de baja estatura.

4, Por eso se adelantó corriendo y se subió a un árbol para poder verlo ya que Jesús iba a pasar por allí. 5, Llegando al lugar, Jesús miró hacia arriba y le dijo: "Zaqueo, baja en seguida. Tengo que quedarme hoy en tu casa." 6, Así que se apresuró a bajar y, muy contento, recibió a Jesús en su casa. 7, Al ver esto, todos empezaron a murmurar: "Ha ido a hospedarse con un pecador."

La Codicia Destruye las Vidas Desde que Mantiene a las Personas en la Esclavitud

He mencionado que la codicia destruye las vidas, y lo hace manteniendo a las personas en la esclavitud. La codicia destruye las vidas ya que mantiene a las personas con grilletes. Tomemos por ejemplo a Zaqueo, un hombre cautivo por la codicia. Permítanme mostrar lo que quiero decir.

Tengan en cuenta que en el versículo 2, Zaqueo se caracteriza por ser un jefe de los recaudadores de impuestos que era muy rico. Ahora, déjenme explicar lo que esto significa en este contexto. Los recaudadores de impuestos en el siglo primero de Israel generalmente pagaban por el derecho de recaudar impuestos para el gobierno romano. Esto significaba que el que pagaba la mayor cantidad se le daba el derecho a recaudar impuestos para Roma. El que tenía más billete era el escogido. Era un sistema corrupto.

Sin embargo, se vuelve aún más corrupto. Una vez que el recaudador de impuestos recibía la oferta de este puesto, él le agregaba un suplemento.

Así que no sólo fue el sistema corrupto, sino también lo eran estos hombres. Esta es una de las razones por las que los recaudadores de impuestos en los Evangelios fueron vistos como abusivos y siempre asociados con los pecadores. Eran parias sociales.

Los rabinos consideraban a estos hombres como ladrones. Consideraban impuro a cualquier casa en la que habían recibido un recaudador de impuestos. Los escritores romanos en la literatura de la época combinaban a estos hombres con los que manejaban burdeles. Estos hombres eran despreciados en gran medida.

El pueblo judío los miraba con mucho desprecio y desdén ya que se hicieron ricos a través de la usura y de la extorsión. Se convirtieron en ricos por sus compatriotas. Además, dado que estos hombres trabajaban para Roma, eran vistos como traidores a Israel. Eran vistos como que aprobaban y promovían la agenda del gobierno romano.

El pueblo judío despreciaba aun más a los jefes de los recaudadores de impuestos por que causaban el doble de daño a la gente. Un jefe de estos hombres estaba a cargo de la organización de otros recaudadores de impuestos. Él era responsable de enviar a esos hombres para cobrar por él, y recibía unas cuantiosas comisiones de ellos.

Zaqueo era un jefe de recaudador de impuestos. Él era el pecador supremo. Se estaba convirtiendo en rico a costa de los que estaban volviéndose ricos a costa de los demás. Así que se pueden imaginar la cantidad de dinero que había ganado a expensas de otros recaudadores de impuestos así como de la gente común.

Se añadiría un recargo de pago a estos hombres además de los impuestos que recibían del pueblo para el gobierno romano. Estas eran las razones principales por las cuales estos hombres eran despreciados en gran medida y aún más el jefe de recaudador de impuestos. Eran codiciosos, y su codicia estaba destruyendo las vidas ya que mantenían a la gente en la esclavitud.

Una encuesta fue tomada en los Estados Unidos en la que se hizo la siguiente pregunta: "¿Qué estás dispuesto a hacer por $10 millones?" Dos tercios de las personas encuestadas estuvieron de acuerdo con al menos una de las siguientes y algunos con varias: (a) el 25% abandonaría toda su familia por $10

"¿Qué hace que una persona desee excesivamente más de lo que necesita sin importar el costo?"

---

millones; (b) el 25% abandonaría su iglesia; (c) el 23% se convertiría en prostitutas durante una semana o más; (d) el 16% renunciaría a su ciudadanía; (e) el 16% dejaría a su cónyuge; (f) el 10% retendría testimonio y dejaría a un asesino en libertad; (g) el 7% mataría a un extraño; (h) y el 3% pondría a sus hijos en adopción.

Estas personas harían todo esto, perderían su sentido de identidad, pondrían en peligro su integridad, abandonarían sus valores familiares con el fin de ganar $10 millones. La codicia hace que la gente haga lo impensable a veces, destruyendo sus vidas en el proceso.

Ahora, vamos a hacer las siguientes preguntas. ¿Qué impulsa a uno hacia prácticas codiciosas? ¿Qué hace que una persona desee excesivamente más de lo que necesita sin importar el costo? ¿Qué hay de la necesidad de sentirse mejor que otro? Ya saben, una exhibición de superioridad. La creencia de que sus virtudes son mayores que los que le rodean. "Como yo tengo más que tú, tu definitivamente no estás a mi nivel." Una exhibición de superioridad arrogante. Estoy seguro de que todos nosotros nos hemos encontrado ese tipo de persona.

Tal vez otro pensamiento en cuanto a lo que impulsa a uno hacia la codicia es el deseo excesivo de tener un alto estatus social. Mientras más alto se ubica socialmente, mayores serán las oportunidades, mayor será la popularidad. "Que voy a subir y ganar y ganar, independientemente de quién sea aplastado en el proceso. Quiero construir un nombre más grande para mí. Yo deseo una plataforma más grande."

Bueno, me gustaría que consideremos un pensamiento final. Tal vez la raíz del problema de la codicia es la idea de que la riqueza puede provocar la seguridad y la autosuficiencia. La riqueza no es una mala cosa. Muchos de los patriarcas bíblicos eran ricos. Muchos hombres y mujeres influyentes proveyeron las necesidades del Señor Jesús durante su ministerio terrenal. Aun hoy en día hay creyentes ricos. Yo por lo personal conozco a varios. La riqueza no es mala. Puede ayudarnos a satisfacer nuestras necesidades básicas así como disfrutar de los lujos que hacen la vida más agradable.

Sin embargo, cuando la riqueza se convierte en un amor o un deseo excesivo se transforma en codicia. La avaricia no es más que preocuparse por el dinero y las posesiones. Es preocuparse demasiado acerca de ellos. Es preocuparse por ellos en exceso, sin razón, de manera desproporcionada. La persona codiciosa está demasiado apegada a sus posesiones. La persona codiciosa desea más dinero y más cosas de una manera excesiva. Eso amigos es un problema ya que la codicia tiene efectos destructivos.

Hay una ansiedad y una inquietud que se siente cuando anhelamos algo de posesión, y lo perseguimos a toda costa. Sin embargo, una vez que se ganó nos damos cuenta de su falsa seguridad. Esto nos deja en un círculo vicioso ya que la búsqueda se desplaza a un objeto diferente. Vamos a pensar que el otro objeto proveerá la seguridad que el primer objeto no proporcionó. Y el ciclo continúa.

Permanecemos cautivos. Hay una razón por la cual el Señor Jesús declaró anteriormente en Lucas 12:15 que la vida no consiste en la abundancia de los bienes. Creo que esa es la causa principal detrás de la avaricia. Es una sensación de seguridad y de autosuficiencia que creemos que tendremos al acumular ex-

---

"La codicia destruye las vidas ya que mantiene a las personas en la esclavitud."

---

cesivamente más de lo que realmente necesitamos a toda costa.

Sin embargo, la ironía es que nos convertimos en esclavos de nuestra codicia. Cualquier sensación de seguridad y de autosuficiencia se pierde. No sólo se pierde en nosotros, pero otros lo pierden también ya que mi codicia está privando a los demás de sus necesidades básicas como lo hacía Zaqueo a los demás. La codicia destruye las vidas ya que mantiene a las personas en la esclavitud.

¿Hay algo de esto que comienza a relacionarse con ustedes? ¿Están viendo la codicia en una luz diferente? ¿Están comenzando a pensar que la codicia puede ser un problema en sus vidas? ¿Se encuentran con un excesivo deseo de adquirir más de lo que realmente necesitan?

Puede ser que sea para poder sentirnos mejor con sí mismo. Puede ser para que podamos disfrutar de la condición social de élite, incluso si viene con una reputación manchada. Puede ser que sea porque simplemente estamos buscando una sensación de seguridad y de autosuficiencia. Sin embargo, nuestra avaricia nos ha costado nuestra reputación. Nos ha costado nuestra integridad. Nos ha costado nuestra familia. Nos ha costado todo lo que es importante para nosotros. ¿Luchan con la codicia? Si lo hacen, tengo buenas noticias para ustedes. ¿Están listos para unas buenas nuevas? Aquí las tienen.

Dios Libera Cuando se Recibe a su Mensajero

Dios libera cuando se recibe a Su mensajero. Esa es la clave para resolver el dilema. Esa es la clave para resolver la tensión. Dios libera cuando se recibe a su mensajero. Déjenme mostrarles lo que quiero decir. Regresemos a nuestra historia: 8, Pero, el pero enfatiza un contraste. Pero Zaqueo dijo resueltamente: "Mira, Señor: Ahora mismo voy a dar a los pobres la mitad de mis bienes, y si en algo he defraudado a alguien, le devolveré cuatro veces la cantidad que sea."

¡Qué cambio de corazón! Zaqueo no sólo admite que había estado extorsionando a la gente, porque no es "por si en algo he defraudado," una mejor representación del texto es "porque he defraudado". No sólo estaba admitiendo su camino torcido, sus prácticas de la sobrecarga, pero Zaqueo estaba haciendo una restitución de cuatro veces.

Ahora tienen que entender que en la ley levítica la restitución con relación al robo, el cual fue el hecho de Zaqueo, normalmente requería sólo un quinto para hacer las paces (véase Levítico 6:25). Zaqueo estaba restaurando cuatro veces de lo normal. Este fue un cambio diametral de sus prácticas. Fue un cambio significativo.

Ahora, ¿qué cambió su opinión? Les dirijo de nuevo al final del versículo 6. Zaqueo recibió al Señor Jesús con alegría, muy contento lo cual dio lugar a la liberación de su codicia. La gracia de Dios cruzó el camino de este hombre codicioso en la persona de Jesucristo, y cuando recibió al mensajero de Dios con alegría fue liberado de los grilletes de la codicia.

Cuando Zaqueo recibió a Cristo con alegría fue liberado de sus prácticas codiciosas. Dios libera cuando se recibe a Su mensajero. Este es el principio del pasaje. Este es el mensaje que debemos comprender. Esta es la práctica constante de Dios. Dios envía mensajeros a quienes lo necesitan. Cuando son recibidos se cumple Su plan de redención.

"Dios libera cuando se recibe a Su mensajero."

Consideren a José en el libro de Génesis, que era el mensajero de Dios. Cuando se le recibió, liberó a muchos en el mundo antiguo de la hambruna, incluyendo a su padre y sus hermanos (véase Génesis 50). ¿Qué hay de Moisés? Cuando los israelitas finalmente lo recibieron como mensajero de Dios, los liberó de la esclavitud de Egipto (véase Éxodo 3-14). Luego tenemos a los Jueces. Cuando fueron recibidos como mensajeros de Dios, los israelitas fueron liberados de las naciones opresoras que los rodeaban.

¿Qué hay de los apóstoles? Cuando fueron recibidos como mensajeros de Dios, los cojos fueron sanados, los demonios fueron echados fuera, alimentaron a los necesitados, y las personas fueron liberadas. Este tema también es consistente con el mensaje de Lucas. Esta es la forma en que el Señor Jesús comenzó Su ministerio terrenal. En Lucas 4:18, el Señor Jesús dijo que Él vino a proclamar la liberación a los cautivos.

Dios libera cuando Su mensajero es recibido. Esta es el principio que debemos de entender. Este es el mensaje del pasaje que debemos de recibir ya que revela el carácter y modo en cual Dios opera. Zaqueo recibió al mensajero de Dios, el Señor Jesucristo y al hacerlo fue liberado de su cruel opresor, la codicia. Esto amigos, es conocido como experimentar la gracia. Zaqueo, el hombre codicioso experimento la gracia de Dios cuando recibió a Su mensajero, el Señor Jesús, y fue mejor debido a ella. Fue liberado de sus prácticas codiciosas.

Sin embargo, pueden estar pensando: "Yo entiendo lo que estás diciendo, Joe. Pero, yo valoro más todo el placer que brinda mi codicia. Claro que puedo lastimar a la gente a veces debido a mi codicia. Pero todo vale la pena. Tengo el poder, tengo el prestigio, tengo todo a mi disposición en cualquier momento que lo quiera. Así que estoy muy bien sin el mensajero de Dios. Estoy bien sin el Señor Jesucristo. Mi codicia parece estar cuidando de mí mas de lo suficiente."

Esta bien, si piensan de esa forma. Pero antes de comprometerse completamente a su punto de vista, permítanme contarles una historia acerca de un campesino exitoso que no estaba satisfecho con su tierra. El quería más de todo. Un día recibió una oferta. Podía comprar toda la tierra que podía caminar alrededor en un día por sólo $100. Sin embargo, tenía que estar de vuelta a su punto de partida para el atardecer.

Temprano a la mañana siguiente empezó a caminar a un ritmo rápido. Al mediodía estaba muy cansado. Sin embargo, el siguió caminando y cubría cada vez más terreno. A última hora de la tarde se dio cuenta de que su avaricia lo había llevado muy lejos del punto de partida. Así que apresuró el paso. Pero el sol en el cielo empezó a hundirse. Empezó a correr. Si no estaba de nuevo en el punto de partida para el atardecer, la oportunidad de convertirse en un terrateniente aún más grande se perdería.

Cuando el sol empezó a meterse en el horizonte, él tuvo a la vista la línea de meta. Jadeando con su corazón palpitante, se tambaleó, y cruzó la línea de salida justo antes de que el sol desapareciera. Sin embargo, de inmediato se desplomó, y murió de agotamiento. Entonces sus siervos cavaron una tumba para él. No era mucho más de seis pies de largo y tres pies de ancho. En su lápida decía: ¿Cuánta tierra necesita un hombre?

La codicia, amigos destruye las vidas. La codicia es el resultado lógico de la creencia de que no hay vida después de la muerte. Tomamos lo que podemos, mientras podemos, como

---

"La codicia es el resultado lógico de la creencia de que no hay vida después de la muerte."

---

podemos, y luego nos aferramos a ella con fuerza hasta que nos consume, y nos convertimos en su esclavo. Es posible valorar la codicia más que al Señor Jesucristo. Claro que sí es. Sin embargo, nos hemos convertido en esclavo a nuestro sistema de valores en lugar de en un hombre libre en el plan de Dios. Dios libera cuando se recibe a Su Mensajero.

Reciban al Señor Jesucristo, el Mensajero por Excelencia de Dios

Por lo tanto, si éste es el principio, si Dios libera cuando Su mensajero es recibido, les animo que reciban al Señor Jesucristo, el mensajero por excelencia de Dios. Pero no me estoy refiriendo a recibirlo para que tengan vida eterna de modo que puedan ir al cielo. Estoy seguro de que ya han dado ese paso. Pero si no lo han hecho, los animo que lo hagan este momento.

Sin embargo, con el fin de ver al cielo descendiendo a la tierra en su nombre, tienen que vivir de una manera que sea consistente con la vida celestial. Van a tener que vivir de acuerdo a los estándares del cielo que se encuentran en las Escrituras. Una de esas normas implica cultivar su relación con el Señor Jesús a diario mediante la lectura y la aplicación de las Escrituras.

Van a tener que hacerlo a través de la oración regular. También va involucrar el compañerismo con otros creyentes que están igual de anclados en el Señor Jesús. Desarrollen su relación con el Señor Jesús por medio de las disciplinas espirituales. Reciban al Señor Jesús, el mensajero por excelencia de Dios, desarrollando estas practicas espirituales.

Entonces, ¿prácticamente qué podría parecer esto? ¿Cómo podemos invitar al Señor Jesús a ser parte de nuestra rutina diaria para que podamos experimentar la libertad, la liberación de la codicia sobre una base diaria? Permítanme pintar un escenario. Me gustaría centrarme específicamente en las mujeres.

Mujeres digamos que están de compras. Sin embargo, cada vez que van a las tiendas sin falta se encuentran malgastando a través de compras compulsivas. Malgastan y malgastan, y por desgracia ni siquiera tienen el dinero. Llegan al límite de una tarjeta de crédito, y luego siguen con la otra. Continúan con la siguiente simplemente porque tienen un deseo excesivo a adquirir más y más de lo que realmente necesitan.

Tal vez eso les hace sentir mejor consigo mismo. Tal vez lo hacen por enojo hacia alguien. Quizá lo hacen para que puedan parecer que se están moviendo hacia arriba. Sin embargo, eso está lejos de la verdad ya que más y más se encadenan en su codicia.

Si esto les describe, mujeres les sugiero que se fijen en lo que están haciendo a los ojos del cielo. Que se fijen en lo que están haciendo desde un punto de vista bíblico. ¿Cuánto es lo que realmente necesitan? Su avaricia les ha esclavizado. Están empeorando las cosas cada vez que sacan la tarjeta de crédito cuando saben que no hay fondos.

Sin embargo, al permitir que el Señor Jesús sea parte de sus decisiones cotidianas, lo están invitando a ser parte de todo lo que hacen. Esto significa que van a empezar a hacer las decisiones de acuerdo con Su punto de vista. Esto será la clave que les ayudará a superar las prácticas codiciosas. Comenzarán el

> *"Experimentarán cambios que serán beneficiosos porque ahora están haciendo las cosas de manera diferente. Las están haciendo de acuerdo al deseo de su Padre celestial."*

proceso de salirse del agujero oscuro de la codicia que las tiene encadenadas. Reciban al Señor Jesucristo, invitándolo a ser parte de su vida cotidiana. ¡Es liberador!

EXPERIMENTARÁN CAMBIOS QUE SERÁN BENEFICIOSOS

Ahora, ¿qué pueden anticipar? ¿Qué pueden esperar al comenzar a recibir al Señor Jesús de ser parte de su vida diaria? Experimentarán cambios que serán beneficiosos porque ahora están haciendo las cosas de manera diferente. Las están haciendo de acuerdo al deseo de su Padre celestial.

Observen lo que les digo. Vamos a terminar nuestra historia: 9, "Hoy ha llegado la salvación a esta casa," le dijo Jesús, "ya que éste también es hijo de Abraham." 10, "Porque el Hijo del hombre vino a buscar y a salvar, a liberar lo que se había perdido."

Zaqueo no sólo experimento la liberación de la codicia una vez que recibió al mensajero de Dios, el Señor Jesucristo, otros también fueron liberados. Señalo el versículo 8 una vez más en donde nos dice que otros se beneficiaron de su restitución cuádruple.

Experimentarán cambios que serán beneficiosos, y otros también se beneficiarán de su liberación. Hay una razón por cual el Señor Jesús declaró, "Mas bienaventurado es dar que recibir" (véase Hechos 20:35). Experimentarán cambios que serán beneficiosos. Serán capaces de deshacerse del abrumador deseo de acumular más y más de lo que realmente necesitan. Esos deseos comenzarán a cambiar, y esto conducirá a los cambios de estilo de vida que son beneficiosos. Simplemente porque recibieron al Señor Jesús en su diario vivir. Están permitiendo que Él tenga acceso diario en sus vidas. ¡Eso queridos amigos es liberador!

CONCLUSIÓN

Ebenezer Scrooge era un hombre increíblemente insensible, tacaño y codicioso. Despreciaba la Navidad y todo lo que hacía feliz a la gente. Esto fue así hasta el día en que tuvo un encuentro con los tres fantasmas navideños, el de las Navidades Pasadas, el de las Navidades Presentes y el de las Navidades Futuras.

EXPERIMENTANDO LA GRACIA

Cuando cada fantasma empezó a darle un recorrido por dónde había estado, donde estaba y a donde el iba, comenzó a lamentarse, y les pidió una segunda oportunidad. No le gustaba la idea de que la gente disfrutara sobre su muerte debido a sus prácticas codiciosas. Sin embargo, una vez que recibió el mensaje de los tres fantasmas de la Navidad, su vida comenzó a mejorarse y otros también comenzaron a beneficiarse del cambio.

Al igual que Ebenezer Scrooge que recibió el mensaje necesario para liberarlo de la práctica codiciosa, les animo que también hagan lo mismo para ser libre de la codicia. Reciban el mensaje que dice que si le dan acceso diario al Señor Jesús, si lo reciben en su rutina diaria, la codicia dejara de ser su tirano cruel. Serán mejor a causa de su decisión que esta anclada en el cielo así como aquellos de su alrededor. Reciban al Señor Jesús, dándole acceso diario en sus vidas para que la codicia deje de ser su amo y opresor.

Apéndice

ESTUDIO DE PALABRA

EL PROPÓSITO de este estudio de la palabra es considerar cómo se utiliza la palabra *gracia* en diferentes pasajes de las Escrituras. Se observará que el término se emplea en el contexto de las relaciones tanto con Dios como con la humanidad. El contexto determinará el uso de la palabra.

UNA DEFINICIÓN BÁSICA

La palabra *gracia (hebreo-jen/griego-karis)* en su sentido más básico se puede entender como "favor". Este favor puede expresarse de varias maneras. Sin embargo, su atención se centra siempre en el receptor y no en el donante. Es en el mejor interés del destinatario en qué favor se amplía ya que mejorara su vida.

EN EL ANTIGUO TESTAMENTO

Dios a la humanidad
Génesis 6:8 da un ejemplo de la gracia que Dios muestra a la humanidad. Este pasaje declara que a Noé se le concedió *gracia*

(jen) a los ojos del Señor. La gracia (favor) que Noé vivió involucró liberación del juicio inminente que era el diluvio por venir.

Jueces 6:17 ilustra otro ejemplo de la gracia que Dios concede a las personas. Este pasaje declara que Gedeón halló *gracia (jen)* a los ojos de Jehová. La gracia (favor) que Gedeón recibió implicaba la presencia protectora de Dios mientras liberaba a los israelitas de los madianitas opresivos.

La humanidad a la humanidad

Rut 2:10 ilustra la manera en que la gracia se demuestra de una persona a otra. Este pasaje declara que Rut encontró *gracia (jen)* a los ojos de Booz. Booz le extendió gracia (favor) a Rut, permitiéndole espigar en su campo lo que las sostendría a ella y su suegra.

Ester 2:15-17 nos da a conocer otro ejemplo de la calidad humana de la gracia. Ester es vista como el objeto de la *gracia (jen)* por parte del rey Asuero. La gracia (favor) que Ester recibió fue la corona que se le dio como reina del imperio de Persia.

EN EL NUEVO TESTAMENTO

Dios a la humanidad

Lucas 1:30 nos da un ejemplo de la gracia que Dios le brinda a la humanidad. Este pasaje declara que a María se le concedió la *gracia (karis)* de Dios. La gracia (favor) que María obtuvo fue el honor de dar a luz al Señor Jesucristo.

Romanos 3:24 también ilustra la expresión de la gracia de Dios a la humanidad. Este pasaje revela que una persona es declarada justa por Dios a causa de su *gracia (karis)*. Esta gracia (favor) encuentra su expresión en la redención que el Señor Jesucristo proveyó para los seres humanos.

La humanidad a la humanidad

Lucas 4:22 nos da un ejemplo de la gracia en el contexto de las relaciones humanas. Las palabras de Cristo son descritas como palabras de *gracia (karis)* en este pasaje. Eran de gracia (favorable) ya que describían la naturaleza de su ministerio.

Efesios 4:29 también presenta la gracia en el contexto de las relaciones humanas. Este pasaje declara que los creyentes deben de hablar palabras saludables que confieren la *gracia (karis)*. Esto significa que nuestras conversaciones deben estar sazonadas con palabras de gracia (favorable).

EN NUESTRO DIARIO VIVIR

La *gracia* es conceder a alguien con algo que va a mejorar su vida. Dios ejemplificó el concepto de la gracia cuando envió a Su Hijo, el Señor Jesucristo a morir en la cruz para pagar el castigo por el pecado de la humanidad. Este acto de gracia mejora significativamente el destino de las personas una vez que es recibido.

Nuestros actos de gracia también podrían mejorar el destino de alguien. Nuestras acciones pueden implicar una cálida sonrisa. Pueden involucrar nuestros recursos económicos. Pueden implicar nuestro tiempo. Independientemente de la manera en la cual se expresa la gracia, alguien debe ser el beneficiario cuando el favor que brindamos cruza su camino.

Sean un instrumento de la gracia de Dios. Hay que tener valor. Se requerirá fe. Esto implicará sacrificio. Sin embargo, un estilo de vida de gracia tiene el potencial de transformar muchas vidas para ser mejor, ¡incluyendo la suya!

CPSIA information can be obtained
at www.ICGtesting.com
Printed in the USA
LVOW12s2129091216
516633LV00001B/12/P